MANUEL
DE DROIT ADMINISTRATIF.

Ouvrage du même auteur.

Traité sur les empêchements du mariage, un volume in-8°, 4 fr.

Cet ouvrage présente une foule de questions intéressantes, de l'adultère, de l'incapacité provenant du concubinage, de la validité des promesses du mariage, du divorce, du mariage des prêtres, etc.

Ne point se borner à des vues étroites et mesquines, à de simples interprétations de texte; appeller la morale, l'histoire et la philosophie au secours de l'important enseignement du droit; tel a été le but constant des efforts de l'auteur.

DIJON,

Imprimerie de Mme Brugnot.

MANUEL
DE DROIT ADMINISTRATIF,

par demandes et par réponses,

CONTENANT

L'analyse de toutes les Lois nouvelles et anciennes qui forment la matière des Cours administratifs, et l'état de la Jurisprudence de la Cour de Cassation et du Conseil-d'État jusqu'à nos jours.

Par J.-A. Pezzani,

Auteur du Traité sur les empêchements du mariage et autres Traités.

OUVRAGE DESTINÉ AUX ÉTUDIANTS
et aux gens du monde.

DIJON,

LAMARCHE, libraire, successeur de Victor Lagier.

1839.

Préface.

C'est dans le seul but d'être utile que j'ai composé ce petit Manuel : la plupart des étudiants s'effrayent dès le principe à l'idée de travailler au droit administratif; les nombreuses lois qu'il faut étudier, et dans le laps d'une seule année, l'absence de traités élémentaires et faciles les détournent d'une science pour laquelle il leur faudrait prendre trop de peines sans en obtenir d'heureux résultats. Or, le droit administratif est une branche très-importante dans l'étude des lois, et il n'est pas d'avocat ou de magistrat qui, dans le cours de sa vie, n'ait souvent à faire des applications de lois administratives. Présenter dans un Manuel abrégé, tous les principes de la matière, faire passer sous les yeux des étudiants et analyser sommairement les lois les plus récentes, comme les plus anciennes sur l'administration, faciliter l'étude de ce droit encore nouveau, mais qui commence à être exigé de

1*

la part des candidats à la licence et au doctorat; tel a été l'objet de mes travaux. J'ai relaté dans chaque matière la jurisprudence du conseil d'état et de la cour de cassation, jusqu'en 1839, et j'ai du discuter les questions épineuses et générales de la matière; toutes les questions, en un mot, qui font les difficultés d'examen, en indiquant les motifs de douter et ceux de décider. Je n'ai point de gloire à attendre d'un pareil travail, mais j'aurai été utile et cela me suffit pour récompense.

Ce Manuel est au courant de la législation et de la jurisprudence. Ainsi les lois sur les attributions départementales (10 mai 1838), municipales (18 juillet 1837), sur les chemins vicinaux (25 avril 1836), sur l'assèchement des mines (28 avril 1838), sur les aliénés (30 juin 1838), s'y trouvent analysées avec plus ou moins de développements, selon l'importance et la difficulté de la matière. De même les arrêts de cassation et du conseil (arr. cass. arr. cons.) de 1838, s'y trouvent rapportés.

On trouvera dans ce petit recueil tout ce qui est utile et indispensable; les étudiants y apprendront leur examen, les gens du monde ces principes élémentaires d'administration qu'il n'est permis à personne d'ignorer.

MANUEL DE DROIT ADMINISTRATIF.

Première Partie.

ORGANISATION ADMINISTRATIVE.

CHAPITRE Ier

Pouvoir législatif. — Du Roi. — Chambre des Pairs. — Chambre des Députés.

La monarchie est de droit naturel; témoin le chef de la famille. Toute souveraineté vient du peuple : c'est lui qui fait les rois; il peut les défaire, s'ils violent le pacte social.

Du roi émane toute justice. C'est lui qui est le chef de l'administration, le centre où tout vient aboutir. Il nomme à tous les emplois d'administration publique, et fait les réglements et ordonnances nécessaires pour l'exécution des lois, qu'il ne peut cependant ni abroger, ni suspendre, et auxquelles il doit le premier obéissance. (Ch., art. 13.) Il concourt à la confection des lois avec la chambre des députés et la chambre des pairs.

La chambre des députés est une assemblée composée des représentants de la nation, nommés par les citoyens les plus imposés, et renouvelés tous les cinq ans, sauf le droit de dissolution qui appartient au roi.

La chambre des pairs est le contre-poids nécessaire pour préserver la royauté des empiétements d'une démocratie turbulente et agitée, assemblée grande et impassible, en dehors des passions politiques qui fermentent autour d'elle, et par-là même plus judicieuse et plus impartiale, quoique moins populaire que sa rivale. Les pairs sont nommés par le roi.

Le droit d'initiative appartient à ces trois pouvoirs, excepté lorsqu'il s'agit d'une loi d'impôt, qui doit être proposée par la chambre des députés. Le concours des trois pouvoirs est nécessaire à la perfection des lois. De là vient la nécessité de soumettre de nouveau à chaque chambre la loi qui a été modifiée par des amendements.

Après le vote des chambres, le roi sanctionne ou refuse sa sanction. Il peut la refuser, quand même il aurait proposé la loi; car la discussion peut lui en avoir révélé les inconvénients; les circonstances ont peut-être changé, ou, ce qui arrivera le plus ordinairement, les amendements que le projet primitif a soufferts en dénaturent le sens et la portée.

Quand le roi a sanctionné, la loi est parfaite; la promulgation n'est plus que le mode d'exécution auquel le roi ne pourrait se refuser sans excéder ses pouvoirs. La date de la promulgation est celle de la réception par le ministre de la justice du Bulletin des lois imprimé, date qui se trouve toujours relatée à la fin de chaque loi.

A côté du roi inviolable sont des ministres responsables. L'inviolabilité du roi et la responsabilité des ministres sont des idées corrélatives et inséparables. Nulle ordonnance, nul acte émané du roi ne peut recevoir exécution sans qu'il soit contre-signé par un ministre qui doit se refuser à toute mesure inconstitutionnelle, sous peine d'assumer sur sa tête la plus grave responsabilité.

CHAPITRE II.

Pouvoirs administratifs. — Conseil d'état. — Organisation.—Attributions.—Procédure.—Conflit.

D. Comment se compose le conseil d'état?

R. Le conseil d'état se compose des princes de la famille royale, lorsque le roi juge à propos de le présider; des ministres secrétaires d'état, des conseillers d'état, de maîtres des requêtes, d'auditeurs.

L'ordonnance du 26 août 1834 règle les conditions nécessaires pour être conseiller détat (1). Mais les dispositions de cette ordonnance ne sont pas toujours suivies; l'ordonnance de nomination est alors l'abrogation pour le cas particulier de l'ordonnance réglementaire. Il en serait autrement si les conditions d'éligibilité au conseil d'état résultaient d'une loi.

Les maîtres des requêtes font, devant le conseil d'état, les fonctions de ministère public; ils doivent, pour être nommés, réunir des conditions moins difficiles que les conseillers d'état (2).

Les auditeurs se divisent en auditeurs de première

(1) Nul ne peut être nommé conseiller d'état qu'à trente ans, et s'il est revêtu d'un des titres suivants: « pair de France, député, ambassadeur, grand-maître de l'université, archevêque ou évêque, membre de la Cour de Cassation, premier président, président ou procureur-général de la Cour des Comptes, premier président ou président d'une cour royale, officier-général ou intendant des armées de terre ou de mer, directeur général, maître des requêtes, préfet (art. 8—9).

(2) Pour être maître des requêtes, il faut avoir vingt-sept ans, avoir été pendant cinq ans président, conseiller ou avocat-général d'une cour royale, secrétaire-général de l'un des ministères, président ou procureur du roi des tribunaux civils, colonel ou sous-intendant militaire, capitaine de vaisseau ou commissaire général de la marine, maire d'une bonne ville, auditeur de première classe, après cinq ans d'exercice (art. 11—12—13).

classe et en auditeurs de deuxième classe (1). Au bout de deux ans, l'auditeur de deuxième classe peut passer dans la première classe. Les auditeurs ne reçoivent aucun traitement; aussi doivent-ils justifier d'un revenu net de six mille francs. Il faut considérer leurs fonctions comme un stage administratif qui dure six années, à l'expiration desquelles ils obtiennent des places dans l'administration active, ou le grade de maître des requêtes et ensuite de conseiller d'état.

Il serait à désirer que nul ne pût être administrateur sans avoir passé par ce noviciat, sans s'être mis au courant des affaires administratives, souvent si épineuses et si compliquées.

Par-là, on obtiendrait une amélioration sensible dans le gouvernement des affaires publiques, et l'on ne serait point exposé tous les jours à voir paraître à la tête d'une préfecture ou d'une sous-préfecture des hommes tout à fait incapables, et dont les erreurs et les injustices, aux yeux des citoyens peu habitués à réfléchir, sont imputées directement au gouvernement qui les a institués. Si vous voulez obtenir la considération et le respect, et exercer sur les esprits une influence salutaire et paternelle, ayez de dignes représentants.

D. Quelles sont les attributions du conseil d'état?

R. Le conseil d'état a deux attributions générales et distinctes: 1° Il délibère sur tous les objets d'administration publique; 2° il est juge des contestations qui s'élèvent entre les administrés et les administrateurs, ce que l'on exprime en disant qu'il est juge du contentieux.

Il se partage en quatre comités, dont les attributions sont spéciales et séparées:

(3) Nul ne peut être auditeur de deuxième classe s'il n'a le grade de licencié en droit et s'il n'est âgé de vingt-un ans. Nul ne peut être auditeur de première qu'à vingt-quatre ans, et après deux ans d'exercice comme auditeur de deuxième classe (17—18—19—20—21—22).

1° Comité de législation et de justice administrative.

Ce comité est spécialement chargé d'examiner les pourvois en matière contentieuse; il nomme un membre destiné à lire un rapport sur chaque affaire au conseil d'état, constitué en cour de justice. Outre ces fonctions. qu'il ne partage avec aucun autre comité, le comité de législation et de justice administrative est attaché au ministère de la justice, par lequel il est souvent consulté sur des questions relatives à l'administration judiciaire. C'est devant ce comité que sont portées les demandes de changements de noms, de naturalisation, les demandes en autorisation de poursuites contre les fonctionnaires publics.

2° Comité de l'intérieur.

Ce comité est attaché au ministère de l'intérieur, du commerce, de l'instruction publique, des cultes. Tous les réglements d'administration départementale et communale, tous les réglemen s relatifs au commerce, à l'industrie, à l'instruction publique, lui sont préalablement soumis, et s'élaborent dans son sein.

3° Le comité des finances est attaché au ministère des finances; il s'occupe des questions domaniales, des lois et réglements relatifs aux pensions, des affaires de comptabilité générale, des réglements concernant le ministère des finances.

4° Comité de la guerre et de la marine.

Ce comité a pour mission spéciale la liquidation des pensions de nos armées de terre et de mer, et il n'est pas le moins occupé.

D. Quelle est l'utilité de la division du conseil d'état en plusieurs comités?

R. Ce principe de la division des matières soumises au conseil d'état est fécond en heureux résultats; chaque conseiller peut au moins se renfermer dans sa spécialité, sans être appelé à porter des jugements sur ce qu'il ne connaît pas. Dans nos chambres législatives, il n'en est point ainsi : l'industriel, le guerrier, partagent avec le jurisconsulte la rédaction des lois, et introduisent souvent des amendements inspirés par une pratique grossière, par les points de vue spéciaux d'une routine aveugle et stationnaire; la chambre fatiguée consent facilement à ce qu'on lui propose, et quelquefois toute la bonne intention des législateurs, tous les efforts des rédacteurs d'un projet utile, sont paralysés par ces dispositions imprévues, adoptées à la hâte, et dont l'application doit faire naître une foule d'irrémédiables abus.

Comme juge du contentieux, le conseil d'état a été soumis aux plus vives attaques : des juges amovibles, et placés par là sous la dépendance directe et immédiate de l'administration, auront-ils l'impartialité, la fermeté nécessaires pour ne point trahir les intérêts des particuliers au profit de cette administration? Pourquoi les placer entre leur conscience et leurs intérêts? Tant que le conseil d'état se borne à ses attributions de conseil administratif, le principe d'amovibilité doit être maintenu et respecté; mais, dès qu'il devient juge, il y a danger à conserver le principe.

A cette grave objection, nous répondons que, dans toute administration, il faut nécessairement un peu d'arbitraire et de promptitude dans les décisions. La marche de l'administration serait impossible si elle pouvait être, à chaque pas, arrêtée par le mauvais vouloir des juges hors de son atteinte, et qui, en exagérant les droits privés, nuiraient aux intérêts du gouvernement et de l'état. Depuis sa création, le conseil d'état est composé de membres amovibles. Malgré ces chances de servitude et de dévotion au pouvoir, on ne cite pas d'exemple frappant et manifeste de prévarications. On se borne à de pures théories, sans voir si ce qu'on propose peut être admis, sans s'enquérir des difficultés nombreuses d'application.

Le conseil d'état n'est point un véritable tribunal

en matière contentieuse ; il donne simplement des avis, pour l'exécution desquels il est toujours besoin de l'approbation royale. Il n'y a pas d'exemple, il est vrai, que jamais le roi ait refusé sa sanction ; mais, en principe et en droit, c'est le roi seul qui exerce la juridiction contentieuse administrative.

D. Comment s'exerce le recours au conseil d'état en matière contentieuse?

R. Le recours est ouvert au conseil d'état contre les décisions des conseils de préfecture, dans les trois mois, depuis la notification qui en est faite aux parties intéressées (1). Le recours est formé par une requête signée d'un avocat aux conseils, contenant l'exposé sommaire des faits et moyens, les conclusions, les noms et demeures des parties, l'énonciation des pièces dont on entend se servir et qui y restent jointes. (D., 22 juillet 1806, art. 1er.)

La requête est examinée dans le comité de législation, et un rapporteur est commis. Nulle requête ne peut être rejetée comme tardive ou comme abusive qu'à l'audience publique, et par arrêt rendu, comme dans les cas ordinaires, sous la forme d'ordonnance royale.

Si elle est reçue, l'instruction se fait, le rapport a lieu à l'audience, les parties sont admises à faire entendre leurs prétentions respectives par l'organe d'avocats aux conseils. Le maître des requêtes conclut, et l'arrêt est rendu sous la forme d'ordonnance.

L'opposition est reçue, contre un arrêt par défaut, dans le délai de trois mois, à compter du jour de la notification.

La requête n'est admise contre des décisions contradictoires que dans deux cas : 1° Si elles ont été rendues sur pièces reconnues fausses ; 2° si la partie a été con-

(1) Cet appel n'est pas suspensif, sauf le droit de provoquer une ordonnance de sursis.

damnée faute de représenter une pièce décisive, retenue par le dol de l'adversaire. Le délai de trois mois ne court alors que du jour de la découverte du faux ou de la pièce retenue.

La tierce-opposition peut avoir lieu aussi devant le conseil d'état.

Le pouvoir administratif est indépendant du pouvoir judiciaire, et doit s'exercer dans des limites distinctes et séparées. L'ordre public ne pourrait qu'être gravement compromis par toute extension arbitraire de l'un ou de l'autre de ces pouvoirs.

D. Qu'est-ce que le conflit d'attribution?

R. L'administration, comme juge du contentieux, se trouve souvent en choc avec les intérêts privés, et il est souvent difficile de décider quelle est l'autorité compétente sur une contestation donnée. Alors il y a conflit d'attribution.

Lorsqu'il s'agit d'un conflit d'attribution entre l'autorité judiciaire et l'autorité administrative, quel sera le pouvoir supérieur qui donnera le réglement de juges? Ce sera le chef de la justice, le roi, qui, pour cela, prendra l'avis du conseil d'état. Donner au pouvoir judiciaire la décision souveraine des conflits, ce serait paralyser l'action administrative.

Un abus plus grave encore résulterait d'un droit arbitraire d'élever le conflit et d'évoquer à soi la décision des procès. On verrait se reproduire les évocations du vieux régime, et peut-être les sanglantes exécutions du pouvoir révolutionnaire. Il était donc nécessaire de limiter les cas de conflits, les délais dans lesquels ils pourraient être élevés, et surtout de défendre toute évocation en matière criminelle. C'est ce qui a été entrepris et exécuté avec bonheur par l'ordonnance du 1er juin 1828.

Pour présenter les garanties suffisantes d'irrévocabilité que doit avoir la législation des conflits, il serait nécessaire qu'elle fût réglée par une loi, l'ordonnance la plus sage et la plus constitutionnelle pouvant légalement disparaître dans un moment de mauvaise humeur et de colère royales.

Plus de conflit en matière criminelle; grande sécurité pour l'avenir. Néanmoins, il n'est pas douteux que les tribunaux criminels ne puissent eux-mêmes surseoir à leur décision, jusqu'au jugement d'une question préjudicielle administrative qui peut avoir de l'influence dans la cause. Mais le droit de conflit n'appartient pas à l'administration; ce serait lui donner trop de pouvoirs sur la vie, le repos et l'honneur des citoyens. (Art. 1er.)

En police correctionnelle, le conflit a lieu dans deux cas: 1o lorsque l'autorité administrative est seule compétente pour connaître un délit (L. 29 floréal an X); 2o quand il y a une question préjudicielle administrative (1). (Art. 2.)

Le conflit a lieu en matière de simple police, lorsque les contraventions sont de la compétence administrative.

Nous pensons aussi qu'il peut avoir lieu devant les tribunaux de commerce et devant les juges de paix; en vain argumenterait-on de l'absence du procureur du roi près ces tribunaux. L'ordonnance procède ici par exclusion et non par attribution. La règle générale est que le conflit sera élevé toutes les fois que des tribunaux de l'ordre judiciaire s'arrogeront le droit de juger une affaire dont la connaissance appartient à l'administration. Or, il n'y a point d'exception relativement aux tribunaux de commerce et de juges de paix; et peut-on voir cette exception dans les formes réglementaires des conflits qui supposent toujours l'intervention du ministère public?

(1) Par exemple, s'il faut déclarer la navigabilité d'une rivière ou la défensabilité des bois.

Néanmoins le conseil d'état est contraire à notre solution. (C. d'état, 29 mars 1832.)

Le préfet élève le conflit par l'envoi d'un mémoire au procureur du roi, et, sur le rapport de ce dernier, le tribunal statue sur le déclinatoire. Dans la quinzaine de l'envoi du jugement qui rejette le déclinatoire, le préfet élève le conflit en insérant textuellement dans son arrêté la disposition législative sur laquelle il se fonde pour revendiquer la cause. Sans cette mention, le tribunal pourrait refuser de se dessaisir. Le conflit peut être élevé en appel, soit qu'il ait été admis déjà en première instance, soit qu'on l'élève pour la première fois.

L'arrêté du préfet oblige le tribunal à surseoir. Toutes les pièces relatives au conflit sont adressées au garde des sceaux, qui les transmet au secrétariat-général du conseil d'état. Dans les quarante jours, le conseil d'état doit juger ; le délai ne peut être prorogé au-delà de deux mois. Un mois après l'expiration de ce délai de rigueur, l'instance pourra être reprise devant les tribunaux, qui seront, toutefois, obligés de se dessaisir, si même, après le délai de trois mois, mais avant le jugement définitif, l'arrêt du conseil d'état qui les déclare incompétents leur est notifié. (Anal. de l'ordonnance du 1er juin 1828.)

Ces dispositions sont fort sages. D'abord ce n'est qu'en s'appuyant sur un texte de loi que le préfet peut valablement élever le conflit. Il y aura donc dorénavant bien moins de conflits abusifs. Avant d'en venir à un éclat judiciaire, le tribunal est mis en demeure de se dessaisir et de céder aux justes prétentions de l'administration, enfin après un court délai l'instance se reprend devant les tribunaux. On ne pourra donc plus comme autrefois, paralyser indéfiniment l'action des tribunaux et interrompre le cours de la justice.

Espérons qu'une loi viendra bientôt sanctionner les utiles prescrits de l'ordonnance de 1828.

CHAPITRE III.

Préfet. — Conseil de Préfecture. — Conseil général de département. — Conseil d'arrondissement. — Organisation. — Attributions.

D. N'est-il pas nécessaire que le roi ait un représentant dans chaque département?

R. Le roi, chef suprême de l'administration, ne peut pas lui-même descendre dans tous les détails, et connaître les besoins et les intérêts des localités; il est donc de toute nécessité qu'il délègue ses pouvoirs à des représentants qui les exerceront pour lui et par lui. Ces représentants dans chaque département sont les préfets, dans l'arrondissement les sous-préfets, dans la commune les maires.

Le roi nomme les préfets et les révoque à son gré. Le préfet est le vice-roi du département, il est l'intermédiaire entre le gouvernement et les administrés, et transmet à ceux-ci les lois, les réglements, les ordres émanés de l'autorité supérieure, et à son tour il délégue une partie de ses pouvoirs aux subordonnés dans l'ordre inférieur et plus local encore de l'administration de l'arrondissement ou de la commune. Enfin il a une action directe sur les choses et sur les personnes placées sous son autorité immédiate.

Comme délégué du gouvernement, le préfet doit obéir à l'ordre et à la volonté de ses supérieurs, si mieux il n'aime se démettre de ses fonctions.

Comme il est certaines mesures urgentes, ou d'un

intérêt trop local pour qu'il soit nécessaire de recourir toujours avant toute exécution à l'autorité supérieure, il a le droit de prendre des arrêtés exécutoires par provision; mais pour toute mesure d'administration générale, l'arrêté du préfet n'est exécuté qu'en vertu de l'autorisation royale.

Le préfet peut, sur la réclamation des parties intéressées, ou même d'office, s'il est plus éclairé maintenant ou si les circonstances ont changé, réformer les arrêtés qui n'ont point créé de droits irrévocables en faveur des tiers; en ce dernier cas, l'annulation devrait être prononcée par l'autorité supérieure.

Si le préfet refuse d'annuler son arrêté, on peut se pourvoir devant le ministre qui annule ou confirme, sauf appel au roi en conseil d'état, mais non point dans la forme contentieuse, à moins que l'on n'attaque l'arrêté du préfet pour cause d'incompétence ou d'excès de pouvoir.

D. Qu'est-ce que le secrétaire de préfecture?

R. Près du préfet se trouve dans les départements les plus importants, le secrétaire général de la préfecture, fonctionnaire indispensable dans toute administration compliquée, et surtout aux époques d'un changement de préfets. Plus stables que ceux-ci, ils forment l'utile lien entre le passé et le présent.

D. Qu'est-ce que le sous-préfet?

R. Le sous-préfet est l'intermédiaire entre le préfet et les maires de l'arrondissement; il remplit dans son ressort toutes les fonctions que le préfet remplit dans le département.

D. Qu'est-ce que le conseil de préfecture? Quelles sont ses attributions?

R. Le conseil de préfecture comme le conseil d'état a deux attributions distinctes, 1° des attributions purement administratives; 2° des attributions judiciaires. Comme lui il est composé de membres amovibles et dépendants de l'administration.

De même que les ordonnances royales portant réglement d'administration publique, s'élaborent au sein du conseil d'état, de même aussi les arrêtés préfectoraux sont d'abord délibérés et discutés dans le conseil de préfecture.

Comme tribunal administratif, on peut faire plusieurs reproches fondés à l'organisation des conseils de préfecture. Juges des intérêts privés qui se trouvent en concours avec ceux de l'administration, ils sont présidés par les préfets qui ont voix prépondérante en cas de partage. Les parties n'ont pas comme auprès du conseil d'état, un accès direct auprès des conseils de préfecture, et tandis que la procédure au conseil d'état est régie par un décret, il y a absence complète de régles particulières pour la forme de procéder devant eux.

Les conseils de préfecture n'ont ni greffe, ni avoués, ni huissiers, ni ministère public; l'instruction se fait devant eux sur simples mémoires. Leurs arrêtés ont la forme de jugements, mais sans intitulé ni mandement.

Lorsqu'ils ont été rendus par défaut, on peut se pourvoir par opposition. On a aussi la tierce opposition.

D. Qu'est-ce que le département? qu'est-ce que le conseil-général ?

Le département est une personne morale avec ses droits, ses propriétés, ses intérêts. Il doit avoir ses représentants. Chaque canton nomme un délégué, et les différents membres ainsi nommés composent le conseil-général de département. Les électeurs des conseillers généraux sont tous les citoyens portés sur la liste du jury, sauf, en cas d'insuffisance l'adjonction des plus imposés. (L. 25 juin 1833, art. 1, 2, 3.)

Pour être éligible, il faut jouir de ses droits civils et politiques, être âgé de vingt-cinq ans, payer depuis un an au moins deux cents francs de contributions directes dans le département. Si après l'élection le conseiller perd ses droits civils et politiques, il est pourvu à son remplacement; *secùs*, si par un revers de fortune, il ne payait pas autant de contributions qu'à l'époque de sa nomination. (Art. 4 et 11.)

Tout administrateur ne peut être membre d'un conseil-général. (Art. 5.)

Nul ne peut être membre de plusieurs conseils-généraux. (Art. 6.)

Les conseillers-généraux sont nommés pour neuf ans, et renouvelés, par tiers, tous les trois ans. (Art. 8.)

Le conseil-général ne peut se réunir que sur la convocation du roi, qui fixe, par la même ordonnance, la durée de la session, autrefois fixée à quinze jours. Le préfet déclare l'ouverture de la session, il remplit en cela les fonctions d'intermédiaire entre le roi et les administrés.

Il a entrée au conseil-général, et l'on peut critiquer cette faculté exorbitante laissée au préfet. N'est-il pas à craindre qu'il exerce sur les esprits des conseillers-généraux une influence trop grande, et ne vaudrait-il pas mieux laisser au conseil-général lui-même le pouvoir de réclamer l'assistance du préfet dans tous les cas où il serait nécessaire de recueillir de sa bouche des renseignements utiles.

Le conseil-général ne peut, sous peine de nullité, suspension, et même punitions sévères, délibérer sur des objets qui excèdent ses attributions, ou se réunir illégalement et sans convocation préalable. (Art. 14-15.)

Enfin, le droit d'adresse n'appartient pas au conseil-général, il n'est accordé qu'aux chambres législatives. (Art. 17.) Le préfet peut suspendre provisoirement le conseil-général qui commettrait une infraction aux prohibitions du présent article, et l'ordonnance royale qui intervient, statue définitivement sur le mérite et l'opportunité de la suspension.

D. Quelles sont les attributions du conseil?

R. Toutes les attributions du conseil général se résument dans la seule mission de défendre les intérêts du département. Parmi ces attributions il en est qu'il exerce sous l'autorité du pouvoir législatif; d'autres, au contraire, sous l'autorité du pouvoir exécutif.

1° Le conseil-général répartit chaque année, entre les différents arrondissements, les contributions directes qui pèsent sur le département. Il statue définitivement sur les demandes en réduction de contingent formées par les arrondissements ou par les communes (1). Si le conseil se séparait sans avoir réparti le contingent, il y serait pourvu par le préfet. (Art. 1er, 2, 3, 27. L. 10 mai 1838.) Il donne son avis sur les rectifications des limites des départements, arrondissements, cantons et communes. (Art. 6.) Il délibère sur les contributions extraordinaires et les emprunts à contracter; cette délibération est transmise avec les avis des sous-préfets et des préfets au ministre de l'intérieur, qui propose aux chambres un projet de loi tendant à autoriser l'imposition ou l'emprunt. (Art 4, 51. Art. 33.)

2° Le conseil-général délibère sur les acquisitions, aliénations et échanges des propriétés départementales, et sur le mode de gestion de ces propriétés; sur les actions à intenter ou à soutenir au nom du département, qui, par le décret tout fiscal, quoiqu'en apparence munifique, du 9 avril 1811, a une existence isolée et indépendante, et des propriétés particulières; sur les transactions, sur l'acceptation des legs et dons faits au département, et que le préfet pourra provisoirement accepter: sur le classement et la direction des routes départementales.

(1) Ces dernières demandes sont préalablement soumises aux conseils d'arrondissement.

Ces délibérations sont soumises, avant leur exécution, à l'approbation de l'autorité supérieure, soit à l'ordonnance royale, soit à l'autorisation du préfet en conseil de préfecture, suffisante lorsqu'il s'agit d'aliénations, acquisitions et échanges, dont la valeur n'excède pas vingt mille francs. Dans les autres cas, la délibération des conseils-généraux n'est exécutée que sur ordonnance royale, le conseil-d'état entendu. (Art. 4, 5, 34, 35 et suiv.)

D. Quelle est l'autorisation nécessaire aux départements pour ester en justice ?

R. Les départements ne peuvent ester en justice qu'après la délibération du conseil-général et l'autorisation du roi en conseil-d'état. La même autorisation est nécessaire pour qu'ils puissent appeler de la décision qui les condamne ; et la raison en est simple : le jugement motivé qui a rejeté leur demande peut avoir éclairé l'autorité compétente, et le refus de l'autorisation nécessaire en appel épargnera au département des frais inutiles, et le plus souvent frustratoires.

Les motifs précédents ne s'appliquent point au cas où le département est défendeur sur appel, après avoir obtenu gain de cause en première instance ; aussi, pensons-nous qu'il pourrait défendre à l'appel sans nouvelle autorisation ; toutes les présomptions de réussite, toutes les chances de gain étant évidemment en sa faveur. Les termes mêmes de l'art. 36 semblent confirmer notre interprétation : « Le département ne peut se pourvoir » et ne pas s'appliquer au cas de défense sur appel.

L'autorisation sera-t-elle nécessaire pour se pourvoir en cassation ?

La négative peut être soutenue. Les deux autorisations qui ont précédé la demande en cassation annoncent la persistance de l'administration à donner droit au département, et une nouvelle autorisation, presque jamais refusée, donnerait lieu à beaucoup de lenteurs et de délais.

D'ailleurs, la cour de cassation n'est pas un nouveau degré de juridiction. On pourra opposer à ces raisons que la demande en cassation, plus encore que la demande en appel, occasionnera d'immenses frais; que le nouvel arrêt peut avoir définitivement et péremptoirement répondu aux arguments soulevés en faveur du département; enfin, ces mots mêmes de la loi « un autre degré de juridiction » quoique impropres, indiquent suffisamment l'intention du législateur, qui ne s'est pas borné à dire que la demande d'appel serait soumise à la nécessité d'une autorisation, et qui s'est servi de termes tout-à-fait généraux. La question nous semble très-douteuse.

En cas d'urgence, le préfet peut faire tous act.s conservatoires et interruptifs de prescription (36).

Les parties qui veulent plaider contre un département doivent adresser au préfet un mémoire contenant l'objet et les motifs de leurs réclamations; il leur en est donné récépissé. Ce mémoire interrompt la prescription, il remplace la citation en conciliation, qui n'a pas lieu dans les causes où les départements sont parties.

D. Quelles sont les formalités à remplir pour que les départements puissent valablement transiger?

R. Les transactions nécessitent sans distinction l'autorisation royale toutes les fois qu'il s'agit des départements (38). On ne peut donc pas appliquer, par analogie, la disposition de l'article 29, relative aux aliénations, et qui distingue entre les aliénations de grande valeur et celles de peu de valeur, en n'exigeant pour les dernières que l'approbation du préfet en conseil de préfecture. L'art. 38 de la loi que nous analysons est conforme à l'art. 2045 du code civil. Mais il présente une antinomie avec l'art. 59 de la nouvelle loi municipale.

L'ordonnance royale constitue ici un acte de tutelle administrative, et l'interprétation de la transaction appartient aux tribunaux ordinaires. (Decr. 21 janvier 112.)

D. Qu'est-ce que le budget du département?

R. Le budget du département est présenté par le préfet, délibéré par le conseil-général, et réglé définitivement par ordonnance royale.

D. Combien y a-t-il de sortes de dépenses, de recettes ?

R. Le budget comprend les dépenses, les recettes et la balance générale. (Art 9 et suiv.) Les dépenses sont de trois sortes : ordinaires, facultatives, spéciales. Les recettes sont ordinaires, facultatives ou spéciales. Les recettes ordinaires sont les ressources annuelles au budget de l'état et qui ont pour objet de faire face aux dépenses ordinaires. Les recettes facultatives se composent du produit des centimes facultatifs, votés annuellement par le conseil-général, dans les limites fixées par la loi des finances. Les recettes spéciales ou extraordinaires se composent du produit des centimes additionnels extraordinaires imposés en vertu de lois spéciales et destinés à faire face aux dépenses imprévues et accidentelles du département.

D. Qu'est-ce que le conseil d'arrondissement ?

R. Il y a dans chaque arrondissement de sous-préfecture un conseil d'arrondissement, composé d'autant de membres que l'arrondissement a de cantons.

Les électeurs sont ceux qui ont le droit d'élire les conseillers-généraux. Les conditions d'éligibilité sont aussi les mêmes, si ce n'est une diminution dans le cens à payer.

Les conseillers d'arrondissement sont élus pour six ans, et renouvelés tous les trois ans par moitié.

Les mêmes incompatibilités, qui s'appliquent aux conseillers-généraux, sont aussi applicables aux conseillers d'arrondissement.

Le roi, par ordonnance, ouvre la session; le préfet convoque et transmet ses pouvoirs par délégation au sous-préfet, qui remplit, près du conseil d'arrondissement, les mêmes fonctions que le préfet près du conseil-général.

La session ordinaire du conseil d'arrondissement se divise en deux parties : l'une qui précède, l'autre qui suit la session du conseil-général. Dans la première partie, le conseil d'arrondissement délibère sur des objets qui seront ensuite soumis au conseil-général, v. g. ; sur la réclamation des communes dans le contingent de l'impôt, ou sur la réclamation de l'arrondissement lui-même. Dans la seconde partie, il répartit entre les communes l'impôt voté par le conseil-général, et il doit se conformer à la décision rendue par ce conseil sur les demandes en réduction de contingent; faute par le conseil d'arrondissement de s'y conformer, il y est pourvu par le préfet en conseil de préfecture. (39, 40 et suiv.)

D. L'arrondissement est-il un être moral comme le département et la commune?

R. L'arrondissement n'est point un être moral, qui ait son existence à part, ses propriétés ; ce n'est qu'une division purement administrative. Aussi point de vote de centimes extraordinaires. La loi de 1807 et le decret de 1811 qui tendaient à individualiser l'arrondissement, à l'assimiler au département et à la commune sont tombés en désuétude. Tous les intérêts matériels de l'arrondissement, les routes, les canaux et les édifices publics situés dans sa circonscription, se confondent dans les besoins du département et ont été mis à sa charge par la loi.

CHAPITRE IV.

Maire. — Adjoints. — Conseillers Municipaux. — Organisation. — Attributions. — Secrétaires de Maire. — Gardes-Champêtres.

Comme le département, la commune est un être moral, avec ses propriétés et ses intérêts particuliers.

D. Qu'est-ce que le maire?

R. A la tête de la commune se trouve le maire, d'un coté mandataire et représentant de la commune, de l'autre délégué du gouvernement pour l'administration communale. A sa nomination doivent donc concourir et les représentés et le roi.

Les maires sont choisis parmi les membres du conseil municipal. Ce mode de nomination était indiqué par Henrion de Pansey, comme le plus convenable et le plus digne, il a l'avantage de réunir l'élection populaire à l'élection royale, et de ne pas limiter outre mesure la faculté de choisir laissée au roi.

Le préfet choisit lui-même les maires dans les communes qui n'excèdent pas 300 habitants.

Le roi peut révoquer les maires; le préfet peut les suspendre, jamais les révoquer, pas même ceux qu'il aurait lui-même choisis. (Art. 3 L. 21 mars 1831.)

Les maires sont nommés pour trois ans. Point de difficultés si l'époque de la nomination correspond avec le renouvellment triennal; mais si le maire nommé n'a plus qu'un an, par exemple, à être conseiller municipal, que faut-il décider? la perte de la qualité de conseiller municipal lui enlèvera la qualité de maire, (Arg. des art 3. 17. 24).

On ne peut être maire qu'à vingt cinq ans. Le maire doit avoir son domicile réel dans la commune (4).

Les adjoints ou aides du maire, sont nommés de la même manière, sous les mêmes conditions. Leur nombre varie suivant l'importance de la commune (Art 2.)

D. Quelles sont les incompatibilités?

R. Ne peuvent être maires ni adjoints : Les fonctionnaires de l'ordre judiciaire, les militaires, les ministres du culte. (6-7-8).

D. Qu'est-ce que le conseil municipal?

R. Chaque commune a un conseil municipal, composé de membres électifs dont le nombre varie, eu égard à la population de la commune. (Art. 9.)

Les électeurs sont les plus imposés, et le nombre des appelés est d'autant plus grand que la commune a plus d'habitants. On admet aussi dans ce cas l'adjonction des capacités. (Art. 11.) Il est permis de voir dans ces dispositions l'aurore d'une réforme nouvelle, conforme au vœu de tous les bons esprits. Admettre les hommes capables à partager avec les propriétaires le droit d'élection communale, c'est reconnaître le principe, plus tard viendront les conséquences.

Pour être éligible il faut être électeur, âgé de vingt cinq ans, jouissant des droits civils et politiques.

Les conseillers sont nommés pour six ans, et ils sont renouvelés tous les trois ans par moitié. (15-17).

Le conseil municipal tient par année quatre sessions ordinaires, qui chacune peuvent durer dix jours, tous les trois mois à partir du mois de février. (Art 23.) Le maire préside le conseil municipal, qui ne peut délibérer que si la majorité de ses membres en exercice sont présents (2425.)

Le roi peut dissoudre le conseil municipal, mais non révoquer l'un ou l'autre de ses membres; il en est de même par rapport au conseil général de département et au conseil d'arrondissement. Le roi a la révocation totale par voie de dissolution, mais non la révocation partielle. (27.)

Appliquez à la réunion illégale du conseil municipal, à sa délibération sur des objets étrangers, tout ce que nous avons dit relativement aux conseils généraux.

Les maires exercent deux ordres de fonctions qui se rapportent à la double situation de la commune, qui est une partie du corps social, et comme telle soumise à l'administration générale, et qui a aussi ses droits et ses intérêts à défendre.

En sa qualité d'administrateur, le maire est sous l'autorité de l'administration supérieure : il est chargé de publier et de faire exécuter les lois et réglements. (Art. 9 L. 18 juillet 1837.)

Sous la simple surveillance de l'autorité supérieure, il exécute le mandat qu'il a reçu de veiller aux intérêts de la commune. (Art. 10.) C'est lui qui représente la commune dans tous ses actes, sauf dans certains cas l'intervention nécessaire du conseil municipal et même du préfet ou du roi.

De même que le préfet le maire peut prendre d s arrêtés ordonnant des mesures locales ; ces arrêtés sont remis au sous-préfet qui les adresse au préfet, et celui-ci peut les annuler ou les suspendre. Ceux de ces arrêtés qui portent réglement permanent ne sont exécutoires qu'un mois après qu'ils ont été reçus par le sous-préfet. (Art. 11.) Cette dernière disposition est une abrogation des anciens principes par lesquels le maire pouvait prendre de lui-même des arrêtés obligatoires sans autorisation préalable.

Le maire nomme et révoque les employés communaux. (Art. 12.) Par ce pouvoir exorbitant, le maire obtiendra aisément obéissance et respect. Il ne peut nommer seul les gardes champêtres, on a craint que s'il en était autrement le maire n'eût sur ce fonctionnaire trop d'influence, or le garde champêtre ne doit pas être l'homme d'un seul homme mais l'homme de tous.

Le maire peut déléguer une partie de ses fonctions à un ou plusieurs de ses adjoints. (Art. 14.) Il s'agit ici d'une délégation partielle ; lorsqu'il s'absente il y a délégation entière, mais dans le cas d'absence, le maire est remplacé par le premier adjoint lorsqu'il veut s'abstenir d'une affaire, seulement il peut choisir qui bon lui semble. (Art. 5 L. 21 mars 1831. — Art. 14 L. 18 juillet 1837.)

Si le maire refuse d'exécuter les ordres de l'autorité supérieure, ou de faire les actes que la loi lui commande, le préfet, après lui avoir fait une sommation pour le mettre en demeure, y procède d'office par lui-même ou par un délégué spécial. (Art. 15.) Cette disposition entièrement nouvelle a eu pour but de donner à l'administration le moyen de vaincre le mauvais vouloir de certains fonctionnaires, dont le refus d'agir pourrait compromettre les intérêts du gouvernement et de l'état.

D. Quelles sont les attributions du conseil ?

R. Le conseil municipal a pour mission d'éclairer le maire et de l'aider dans son action. Les attributions du conseil sont de trois sortes.

Il délibère sur des règlements à faire relativement à des objets qui ne touchent que la jouissance et ne s'appliquent qu'au temps présent. (Art. 17.) v. g. le mode d'administration des biens communaux. Ces règlements sont exécutoires, si dans les trente jours le préfet ne s'est point opposé à leur exécution. (Art. 18.)

Il délibère sur des objets qui peuvent engager l'avenir de la commune et compromettre ses intérêts v. g. le budget de la commune, les actions judiciaires et transactions, l'acceptation des dons et legs faits à la commune. (Art. 19.) Ces délibérations, à la différence des précédentes, exécutoires dans le silence de l'autorité supérieure, ne peuvent être exécutées que sur l'approbation expresse du préfet et quelqus fois même du roi.

Le conseil municipal donne son avis dans des matières ou l'initiative appartient à d'autres pouvoirs et dont la décision regarde l'administration. v. g. Sur les projets d'alignements de grande voirie, sur les autorisations d'aliéner, d'emprunter, de transiger demandées par les établissements de bienfaisance et par les fabriques. Le principe de l'intervention du conseil municipal dans l'administration des fabriques est tiré de son concours à la dépense; les communes devant en cas d'insuffisance venir au secours des fabriques, elles ont intérêt à être consultées sur tous les actes qui pourraient compromettre l'avenir et la fortune de l'établissement. (Art. 21.)

Le conseil peut exprimer son vœu sur tous les objets d'intérêt communal et présenter ses réclamations. Il ne peut faire ni publier aucune protestation, proclamation ou adresse. Le droit de faire des adresses n'appartient qu'aux chambres. (Art. 22-23-24-L. 27 avril 1791 Art. 28.)

Les dépenses des communes sont obligatoires, facultatives ou imprévues.

Les dépenses obligatoires sont celles que la commune ne peut s'empêcher d'acquitter, (1) en cas de refus le budget peut recevoir une inscription d'office, et l'administration a droit d'établir des contributions extraordinaires, pour en assurer le paiement, dans les limites du maximum qui sera fixé annuellement par la loi des

(1) Par exemple les grosses réparations des édifices communaux, l'entretien des cimetières, et généralement toutes les dépenses mises par une loi à la charge de la commune.

finances et par une loi spéciale, si cette contribution doit excéder le maximum. (39.) Quand le conseil municipal, pour faire face aux dépenses obligatoires, a voté une contribution extraordinaire, il suffit d'un arrêté du préfet si la commune a moins de 100,000 fr. de revenus, et d'une ordonnance du roi si elle a plus. (40.)

Les dépenses facultatives, sont celles qui sont abandonnées au zèle des localités; le pavé des rues, l'éclairage quoique de première nécessité sont rangés dans cette classe; il faut aussi y comprendre et avec plus de raison l'entretien des jardins, promenades publiques, bibliothèques, musées.

Les dépenses imprévues sont toutes les dépenses extraordinaires et accidentelles qui changent d'année en année, suivant les circonstances et les cas fortuits v. g. La réparation de dégâts causés par des inondations, des incendies, des émeutes et pillages à main armée. Les conseils municipaux portent au budget un crédit pour les dépenses. Si une contribution extraordinaire a été votée pour faire face à ces dépenses, ce vote doit être sanctionné par une loi si la commune a plus de 100,000 fr. de revenus, *secùs* si elle en a moins, il suffit alors d'obtenir l'autorisation royale. (Art. 37-40.)

Les recettes des communes sont ordinaires ou extraordinaires. Les recettes ordinaires sont par exemple le produit des centimes ordinaires affectés aux communes par la loi des finances, le produit des octrois municipaux. Les recettes extraordinaires sont les contributions extraordinaires dûment autorisées, le prix de biens aliénés, les dons et legs et toutes autres recettes accidentelles. (31-32.)

Le budget de la commune voté par le conseil municipal est arrrêté par le roi, s'il s'agit de communes d'un revenu de 100,000 fr. ou au dessus, par le préfet dans les autre cas. (33.)

Les délibérations des conseils municipaux ayant

pour objet des acquisitions, des ventes ou échanges, sont exécutoires sur arrêté du préfet en conseil de préfecture quand il s'agit d'une valeur n'excédant pas 3,000 fr. pour les communes dont le revenu est au dessous de 100,000 fr. et 20,000 fr. pour les autres communes. S'il s'agit d'une valeur supérieure il est statué par ordonnance du roi. (46.)

Les délibérations ayant pour objet l'acceptation de dons et legs, sont exécutoires en vertu d'un arrêté du préfet lorsque leur valeur n'excède pas 3,000 fr., et qu'il s'agit d'objets mobiliers. Il est toujours besoin de l'ordonnance du roi 1o si la valeur des dons excède 3,000 fr., 2o s'il s'agit d'effets immobiliers. 3o s'il y a réclamation contre la donation. 4o si la délibération du conseil municipal porte refus d'acceptation. (48.)

En tout cas le maire peut provisoirement accepter les donations, car tout retard pourrait être fâcheux, et si l'on attendait l'autorisation supérieure, le donateur serait peut-être mort, ou incapable et la donation tomberait. L'acceptation sera conditionnelle, et l'événement de la condition rétroagira au jour de l'acceptation. Le maire devra non seulement accepter mais encore notifier l'acceptation au donateur, car ce n'est que par la notification que la donation est parfaite et irrévocable, le donateur pouvant révoquer ses offres jusqu'à la connaissance qu'on lui donne de l'acceptation qui en est faite.

Nulle commune ne peut ester en justice sans l'autorisation du conseil de préfecture, ni se pourvoir devant un autre degré de juridiction : appliquez ici ce que nous avons dit pour l'autorisation de plaider nécessaire aux départements. (49.)

Néanmoins chaque habitant a le droit d'exercer à ses frais et risques, avec l'autorisation du conseil de préfecture les actions qu'il croirait appartenir à la commune. et que celle-ci préalablement mise en demeure aurait négligé ou refusé d'exercer. (49.)

Celui qui voudra plaider contre la commune adressera au préfet un mémoire dont il lui sera donné récépicé ; toute prescription sera interrompue. Le préfet enverra le mémoire au maire qui convoquera le conseil municipal et la délibération qui interviendra sera soumise au conseil de préfecture. (52.) Sauf le droit d'appel au roi en conseil d'état, après délibération nouvelle du conseil municipal. La commune ne pourra défendre à l'action sans autorisation expresse. (52-53-54) Le maire a le droit de faire tous actes conservatoires. (55.)

Toute transaction ne peut être consentie par la commune sans l'arrêté du préfet, s'il s'agit d'objets mobiliers dont la valeur n'excède pas 3,000 fr., ce qui est une dérogation à l'ar . 2045 du code civil qui exige dans tous les cas une ordonnance royale.

L'autorisation du roi sera toujours nécessaire : 1o s'il s'agit d'objets immobiliers quelle que soit leur valeur. 2o s'il s'agit d'objets mobiliers d'une valeur supérieure à 3,000 fr. voy. ce que nous avons dit plus haut relativement aux transactions faites par un département. (Art. 59.)

D. Les secrétaires de mairie ont-ils encore un caractère public?

R. Les secrétaires de mairie établis par la loi du 14 décembre 1789, ont été passés sous silence par les lois du 28 pluviôse an VIII et du 21 mars 1831. Il en résulte qu'ils n'ont plus aucun caractère public, et que leur signature ne peut donner à aucun acte un sceau d'authenticité ; (av. cons. 2 juill. 1817.) (jugé implicitement par arr. cass. 19 mars 1830).

D. Qu'est-ce que les gardes champêtres?

R. Les gardes champêtres sont destinés à constater les délits ruraux ; leurs procès-verbaux font foi jusqu'à preuve contraire de ce qui y est contenu, mais il faut pour cela d'après la jurisprudence, ou qu'ils aient écrit le procès-verbal en entier, ou qu'ils l'aient fait écrire à des personnes ayant caractère public. Il ne suffirait pas qu'ils l'aient fait écrire par des inconnus et qu'ils eussent signé le procès-verbal eux-mêmes après l'avoir lu. (Cass. 19 mars 1830 et autres arrêts.) (L. 6 oct. 1791, tit. 2, sect. 7, art. 6, 28 floréal an X, art. 11, cod. inst. crim. 11, 16.) (1)

CHAPITRE V.

Fabriques. — Organisation. — Attributions. — Contentieux. — Pouvoir ecclésiastique. — Appels comme d'abus.

D. Qu'est-ce que la paroisse?

R. De même que la commune, la paroisse est composée d'une réunion d'habitants.

D. Qu'est-ce que le conseil de fabrique?

R. Le conseil de la paroisse s'appelle conseil de fabrique; il a pour mission de pourvoir aux nécessités du culte extérieur, et à l'administration des biens de l'église.

Les membres du conseil de fabrique sont élus concurremment par l'évêque et le préfet de manière que l'évêque ait toujours le droit d'en nommer un de plus que le préfet. Ainsi dans les paroisses au-dessous de 5,000 âmes il faut, outre le maire et le curé qui sont membres de droit, cinq fabriciens électifs. L'évêque en nomme trois, le préfet deux. Ainsi dans les paroisses de 5,000 âmes où il y a onze membres dans la fabrique, dont 9 électifs l'évêque en nomme cinq, le préfet quatre. (Décr. 30 décembre 1809. 3.)

Les membres de la fabrique sont nommés pour six

(1) Ces articles ne prononcent pas cependant formellement la nullité du procès verbal. Les nullités sont de droit étroit, mais la jurisprudence est formelle.

ans, et renouvelés par moitié tous les trois ans, le dimanche de la Quasimodo. Les membres restants ont l'élection des remplaçants, ils doivent y procéder dans le mois, sinon il y sera pourvu par l'évêque et le préfet. (Ord. 1825.)

Le conseil de fabrique pour refus de présentation du budget où d'examen de comptes peut sur le rapport de l'évêque et du préfet être révoqué par le ministre des cultes. (Ord. 1825.)

Le maire d'une ville est fabricien de toutes les paroisses de cette ville, mais il a le droit de se faire remplacer par un adjoint dans chacune d'elles; il le doit s'il n'est pas catholique. (Dècr. 1809, art. 3.)

La fabrique se divise en conseil et en bureau.

Le conseil est composé de tous les fabriciens; il s'assemble quatre fois l'an, savoir : le dimanche de la Quasimodo, et les premiers dimanches des mois de juillet, octobre et janvier.

Le conseil donne son avis sur tout ce qui intéresse la fabrique, recettes et dépenses, procès, acceptation de dons et legs, actions à intenter, locations de bancs et chaises, etc.; il ne peut délibérer qu'autant que la moitié des membres sont présents à l'assemblée.

Peut-il délibérer en l'absence du maire ou de son délégué? nous le pensons, autrement il dépendrait du mauvais vouloir du maire de paralyser complètement l'action légale du conseil de fabrique.

Le bureau des marguilliers se compose de trois membres élus par le conseil et pris dans son sein, auxquels se joint de droit le curé, il sort chaque année un marguillier du bureau et c'est toujours le plus ancien. L'un des marguilliers est président, l'autre secrétaire, le dernier trésorier.

C'est le pouvoir exécutif de la fabrique, il régle chaque mois les dépenses ordonnancées par le président, inscrites par le secrétaire, payées par le trésorier, toutelois après l'avis du conseil ainsi qu'il a été dit plus haut; enfin le bureau veille aux intérêts de la fabrique par voie d'action, le conseil par voie de délibération seulement.

La fabrique doit être autorisée par le conseil de préfecture pour plaider devant les tribunaux civils, et l'autorisation doit être renouvelée en appel.

S'il y avait lieu à transaction, quelle que fût la valeur de son objet, elle ne pourrait se consommer que par une ordonnance royale. L'article 59 de la loi municipale devant se restreindre à son cas, et ne s'appliquer qu'aux transactions des communes.

Le curé et le maire exercent leur autorité dans deux sphères différentes. Le curé a la garde de l'église, c'est lui qui nomme et révoque les serviteurs de l'église, les bedeaux, suisses, enfants de chœurs, ou qui les présente à la nomination de la fabrique, mais c'est lui seul qui peut leur donner des ordres (Cassation, 16 janvier 1833.). Aussi, dans l'exercice du culte, le curé ne relève point de l'autorité civile.

Mais si l'autorité ecclésiastique empiétait sur ses attributions, il y aurait lieu aux appels comme d'abus que l'on peut définir, un recours exercé devant le pouvoir temporel contre les entreprises ou les excès du pouvoir spirituel.

Il y a abus lorsqu'un évêque publie dans son diocèse un mandement expositif des améliorations et des changements qu'il croit utiles à la religion (Cons., 20 janvier 1824.). Lorsqu'un évêque publie un bref du pape, non revêtu de l'autorisation royale (Cons., 23 décembre 1820.). Lorsqu'un évêque destitue un curé (Paris, 20 janvier 1824.). Lorsqu'un archevêque rédige une protestation contre la vente des biens de l'archevêché (Cons., 21 mars 1837.). Le refus de baptême est-il un cas d'abus? Nous le pensons, car ce n'est pas par un motif personnel qu'on refuse le baptême à l'enfant, mais en considération du père et de la mère, ce qui est d'une injustice évidente. Il y a donc abus. (Cons., 11 janvier 1829.)

Le refus d'inhumation ne peut pas être par lui-même un cas d'abus, il faut dans toutes ces matières soigneusement distinguer ce qui est un cas de conscience pour le prêtre de ce qui est véritablement abus. Il n'y a plus rien maintenant dans le refus de sépulture qui puisse intéresser l'ordre public. Qu'un prêtre refuse ses prières à un homme pour qui les lois de l'église lui défendent de prier, il ne fait qu'user de son droit. L'abus n'aurait lieu que dans le cas ou le prêtre s'opposerait à ce que le corps fût déposé dans l'endroit du cimetière désigné par l'autorité compétente pour le faire placer dans un endroit non béni; une pareille conduite excéderait ses pouvoirs, la police des cimetières étant dans les attributions municipales.

Il y a abus de la part d'un curé qui ordonne de son chef des prières publiques extraordinaires, (Jauffret) de la part d'un évêque qui instituerait une fête non reconnue (id.)

L'appel comme d'abus appartient aussi à l'autorité spirituelle contre les entreprises illégales du pouvoir temporel (Art. 7, l. 8, avr. 1802); mais les exemples de ces appels sont rares (Voyez Jauffret, p. 19.).

Avant de se pourvoir par appel devant le conseil d'état, il faut adresser un mémoire au ministre des cultes qui autorise ou refuse l'autorisation de se pourvoir. Sans ce préalable l'appel ne peut être reçu (Cons. 29 mars 1817.—23 avr. 1818.—31 juillet 1822).

On a élevé des doutes sur la légalité de la compétence du conseil d'état en matière d'appels comme d'abus. Ces doutes résultent du décret du 25 mars 1813, qui dispose, art. 5. « Nos cours impériales connaîtront de toutes les affaires connues sous le nom d'appels comme d'abus; » mais qui ne sait que ce décret *ab irato*, échappé à un moment de mauvaise humeur impériale, ne reçut jamais d'exécution et n'a point par conséquent abrogé les lois antérieures qui investissaient le conseil d'état de la connaissance des appels comme d'abus, appelés autrefois recours au bras séculier.

Le conseil d'état ne prononce aucune peine contre le ministre ecclésiastique qui a commis un abus. La peine sévère du bannissement ne serait appliquée que dans des cas fort graves et dont on n'a point encore d'exemples. Les arrêts du conseil se bornent à la simple déclaration d'abus, et quelquefois à l'annulation de l'acte abusif (Cons., 21 mars 1837.).

CHAPITRE VI.

Garantie des fonctionnaires publics.

D. Qu'entend-on par la garantie des fonctionnaires publics?

R. Lorsque les fonctionnaires publics dont il a été parlé aux précédents chapitres commettent quelques délits dans l'exercice de leurs fonctions administratives, ils ne peuvent être poursuivis devant les tribunaux sans que les plaignants aient été autorisés préalablement par le conseil d'état. C'est une conséquence directe de l'indépendance dans laquelle l'autorité administrative doit être à l'égard de l'autorité judiciaire.

Ainsi tout fonctionnaire public peut opposer le défaut d'autorisation à toutes les poursuites dirigées contre lui, mais s'il n'oppose pas cette exception l'administration peut-elle élever le conflit? non, car il ne peut appartenir à l'autorité administrative de soustraire indéfiniment le coupable au glaive de la justice, surtout lorsque celui-ci ne se plaint pas; c'est la disposition formelle de l'art. 3 de l'ordonnance du 1er juin 1828, portant réglement sur les conflits.

Mais le fonctionnaire ne peut opposer le défaut d'autorisation, que si le délit dont il est porté plainte, a été commis dans l'exercice de ses fonctions; pour tout le reste il ne doit pas avoir plus de priviléges qu'un simple particulier.

De même lorsqu'un fonctionnaire public, tel que le maire, est à la fois officier de l'état civil, officier de police judiciaire, agent de l'administration, ce n'est que lorsque le délit aura été commis dans l'exercice de ses fonctions administratives qu'il pourra se prévaloir de la garantie attachée au titre seul d'administrateur.

D. Les prêtres sont-ils des fonctionnaires publics? quels sont les trois systèmes tour à tour consacrés par des arrêts?

R. Les prêtres sont-ils des fonctionnaires publics et comme tels peuvent-ils se prévaloir du défaut d'autorisation? Cette question a donné lieu à beaucoup de décisions contradictoires. On avait d'abord pensé qu'il y avait lieu dans ce cas à un appel comme d'abus qui devait être porté au conseil d'état. On se fondait sur l'article 6 de la loi organique. (Cass., 25 août 1827. — Aff. Guillemain, 28 mars 1828. — Rouen, 17 octobre 1828.).

Des cours royales pensèrent que le prêtre est fonctionnaire public, et que si les tribunaux criminels sont compétents, ils ne le sont toutefois qu'après l'autorisation du conseil-d'état. (Paris, 30 juillet 1831. — Toulouse, 30 juillet 1831.)

La cour de cassation a depuis formellement décidé, sur les conclusions conformes de M. Dupin, que le prêtre n'est point agent du gouvernement, et que la connaissance de ses délits appartient *de plano* aux tribunaux ordinaires. (23 Juin, 9 septembre 1831.) Nous adoptons cette jurisprudence. A la vérité, le prêtre prête serment; mais les avocats, mais les juges, les députés, prêtent serment : sont-ils pour cela des fonctionnaires publics? Quant au salaire, cela ne prouve rien ; c'est la nature des fonctions et non point le salaire qui peut donner le caractère de fonctionnaire public. L'art. 57 de la loi organique, le code pénal tout entier, l'art. 6 de la loi sur la presse du 25 mars 1822, refusent au prêtre le titre de fonctionnaire public.

Deuxième Partie.

—

CHOSES SUR LESQUELLES S'EXERCE LE POUVOIR ADMINISTRATIF.

—

CHAPITRE Ier.

Domaine public national. — Départemental. — Municipal. — Domaine privé de l'état. — Du département. — Des communes. — Des particuliers. — Division de la matière.

Les choses considérées sous un point de vue sont ou communes à tous, ou servant aux usages d'une nation, ou d'une universalité d'habitants, ou possédées par des particuliers.

Les choses communes appartiennent à tous sans distinction ; les animaux eux-mêmes en jouissent comme nous.

Le domaine public se compose des choses qui servent, à l'usage de tous les citoyens, et ne sont pas susceptibles d'une appropriation privée ; elles sont imprescriptibles, inaliénables.

Il y a un domaine public national, un domaine public départemental, un domaine public municipal.

L'état, les départements, les communes, ont la propriété privée de certaines choses qui ne sont point employées à des usages publics, et qui sont aliénables et prescriptibles. Il y a donc un domaine privé de l'état, du département, des communes.

Le domaine privé proprement dit se comprend des choses possédées par les particuliers.

Nous verrons d'abord l'action administrative sur les choses du domaine public, puis sur les choses du domaine privé.

CHAPITRE II.

Choses du domaine public national, départemental, communal.

Les choses du domaine public national sont : « Les « chemins, routes et rues, à la charge de l'état, les « fleuves et rivières navigables ou flottables, les rivages, « lais et relais de la mer, les ports, les hâvres, les rades, « les portes, murs, fossés, remparts des places de guerre « et des forteresses. »

Les choses du domaine public départemental sont tous les établissements publics qui ont été concédés aux départements par le célèbre décret de 1811. Il en est de même, à notre avis, des routes départementales. Les choses du domaine public communal sont les chemins vicinaux, les rues qui ne sont pas la continuation des grandes routes, les promenades publiques.

Tant que la destination de ces choses ne change pas, elles ne sont pas susceptibles d'une propriété privée, elles ne peuvent être ni aliénées, ni prescrites.

CHAPITRE III.

Grande voirie. — Routes royales et départementales ! — Frais de construction et d'entretien. — Fossés. — Largeur des routes — Servitudes imposées pour les routes ! — Arbres. — Alignement. — Contentieux.

D. Qu'entend-on par voirie?

R. On entend par voirie l'ensemble des voies par terre et par eau, ainsi que la police réglementaire de leur établissement et de leur conservation.

D. Que comprend la grande voirie ?

R La grande voirie comprend les routes royales qui ouvrent des communications d'un intérêt général, et les routes départementales qui établissent des communications dans l'intérieur d'un département ou avec les départements voisins.

Les routes royales se divisent en trois classes, suivant leur largeur; les routes départementales ne forment qu'une seule classe.

Le classement s'opère par une ordonnance pour les routes royales. Quant aux routes départementales, la demande peut être faite par tout intéressé ; elle est portée devant le conseil-général, qui ne peut délibérer qu'autant qu'il y a en enquête, selon la forme prescrite par l'art. 3 de la loi du 7 juillet 1833. (L. 25 mars 1835.) Les délibérations du conseil-général sont transmises au directeur des ponts-et-chaussées, qui les transmet au ministre ; sur le rapport de ce dernier intervient l'ordonnance royale.

Les routes royales sont à la charge de l'état ; les routes départementales sont à la charge des départements. Si les ressources du département sont insuffisantes, une loi autorise l'état à venir au secours du département.

De ce que le département supporte les frais de construction des routes départementales, on doit en conclure que le département en est propriétaire. Envain argumente-t-on dans l'opinion contraire de ce que le département n'a aucun caractère pour posséder; envain argumente-t-on aussi de la disposition finale de l'article 538, qui range dans le domaine public national « toutes « les portions du territoire français qui ne sont pas sus- « ceptibles d'une propriété privée. » Nous répondons que depuis le décret déjà cité de 1811, le département est propriétaire; il a une existence morale distincte de celle de l'état. Quant aux expressions de l'art. 538, on ne doit pas les prendre à la lettre. On sait quelle confusion d'idées présente le code civil sur la distinction du domaine public et du domaine privé. Dira-t-on, par exemple, que l'état soit propriétaire des chemins vicinaux, des rues et promenades communales, et cependant toutes ces choses ne sont pas susceptibles d'une propriété privée. Nous pensons donc que le département est propriétaire ; en cas de la suppression de la route, on devrait verser le prix du terrain dans la caisse du département. Mais l'administration ne reconnaît pas les droits du département, quelque fondés qu'ils paraissent.

Les routes royales de première classe ont quarante pieds de largeur ; celles de deuxième classe trente-six pieds; celles de troisième classe trente pieds. Les routes départementales ont de vingt-quatre à trente pieds.

L'usage des routes est public. Elles sont imprescriptibles tant que la destination n'en change pas, soit par une ordonnance royale, portant suppression de la route, soit par une route nouvelle qui rend l'ancienne inutile.

Les fossés des routes appartiennent à l'État. Leur entretien qui était anciennement à la charge des riverains, est maintenant à la charge de l'administration ; les riverains sont seulement obligés de souffrir, sur leurs fonds, le rejet de la terre qui n'aurait pas lieu sans inconvénients sur la grande route. (Loi du 12 mai 1825).

Les riverains sont tenus de planter des arbres sur leur terrain et le long des routes, et ils doivent remplacer les arbres morts. Ces arbres sont donc leur propriété.

Les arbres plantés sur le bord de la route appartiennent à l'État, à moins que les riverains ne prouvent qu'ils les ont acquis à titre onéreux ou qu'ils les ont plantés à leurs frais en exécution des anciens règlements. (Loi du 12 mai 1825).

Le riverain ne peut élaguer les arbres qui sont le long de la route qu'aux époques et de la manière fixée par l'administration, pour prévenir un dépérissement résultant de la fraude ou de l'impéritie.

Plusieurs servitudes sont imposées aux propriétaires riverains à l'occasion des routes. Ces servitudes sont de trois sortes, résultant: 1° de l'étude des projets; 2° de l'extraction des matériaux; 3° de l'occupation du terrain pour la confection des routes.

Le préfet notifie un arrêté aux propriétaires riverains, les invitant à laisser le passage libre sur leurs fonds aux agents des ponts-et-chaussées, sauf à réclamer une indemnité pour le dommage qu'ils pourraient souffrir. Cette indemnité est réglée par le conseil de préfecture. (Cons. 29 juin 1832).

La servitude d'extraction des matériaux, nécessaires à la confection des routes, ne s'exerce pas sur les terrains clos. Mais depuis la désignation du terrain, faite par l'administration, le riverain a-t-il le droit de s'enclore et de se soustraire à la servitude? Nous le pensons, en faisant enclore son fond il use d'un droit de propriété. *Jure suo utitur.* (Conseil 5 novembre 1828).

Avant de faire aucune extraction, on doit une indemnité préalable au propriétaire. Si le terrain change de maître, le nouveau propriétaire n'est pas lié par les conventions faites avec son prédécesseur. (Conseil 24 août 1827.)

L'évaluation de l'indemnité varie suivant que la carrière était ou n'était pas en exploitation. Si la carrière est actuellement en exploitatisn ou qu'elle ait déjà été exploitée, (Conseil 29 juin 1832. — *Contrà*. 6 septembre 1813) on paie les matériaux au prix courant. Si la carrière n'est pas exploitée , le propriétaire n'en tirant aucun profit, on ne l'indemnise que du préjudice résultant des fouilles et de l'occupation de son terrain.

L'indemnité doit être préalable. Mais son évaluation ne peut être fixée qu'après l'extraction des matériaux. Pour se conformer au dispositif de la loi , on devra donner une somme provisoire au propriétaire , somme dont le montant sera fixé à l'amiable, sinon par le conseil de préfecture.

Le propriétaire ne peut empêcher l'extraction des matériaux sans s'exposer aux peines prononcées par l'art. 471 du Code pénal.

Lorsque les travaux nécessaires pour la confection des routes exigent l'occupation du terrain voisin, le propriétaire de ces terrains ne peut s'y opposer; il a droit à une indemnité réglée par le conseil de préfecture.

Si des circonstances majeures viennent momentanément interrompre les communications et le passage sur la route , l'arrêté du préfet ordonne que le passage aura lieu sur les propriétés voisines à la charge d'une indemnité qui, sur contestation, sera réglée en conseil de préfecture.

Toutes les fois que le chemin est devenu impraticable les voyageurs peuvent d'eux-mêmes s'ouvrir une route sur les fonds voisins. (Loi du 28 septembre 1791).

La fixation des indemnités pour les dommages et intérêts résultant des travaux publics est de la compétence des conseils de préfecture, même depuis la nouvelle loi

sur l'expropriation, loi qui ne s'applique qu'autant qu'il s'agit d'une expropriation. (Conseil 5 février 1835, dans Macarel, p. 80.) (Toulouse 10 mars 1834). Les indemnités dues pour dégâts commis dans les récoltes par les ouvriers employés aux travaux, sont aussi de la compétence des tribunaux administratifs. (Conseil 15 septembre 1831). Mais ce n'est pas devant les conseils de préfecture que doivent être portées les actions en dommages-intérêts contre les entrepreneurs qui ont fait l'extraction sans autorisation, ou avant d'avoir mis les propriétaires en demeure de débattre le prix de ces extractions. (Conseil 21 septembre 1827. — 5 novembre 1828)

Les propriétaires riverains sont soumis à observer l'alignement, c'est-à-dire le tracé fait par l'autorité administrative pour fixer la délimitation de la voie publique et la ligne que ne pourront dépasser les constructions faites le long de cette voie.

L'alignement en matière de grande voirie est donné par les préfets. (Loi du 28 pluviôse an VIII). L'alignement doit être demandé par tout propriétaire dont le fonds joint immédiatement la voie publique, lorsqu'il veut construire ou reconstruire sur la partie de sa propriété étant le long et joignant les routes soit dans les traverses des villes, bourgs et villages, soit en pleine campagne. (Arrêté du conseil du 27 février 1765).

Aucun travail confortatif ou autre ne peut être fait sans en avoir préalablement obtenu l'autorisation. Le travail est-il exécuté? Il faudra, pour savoir s'il doit être détruit, examiner s'il est confortatif, ou s'il ne l'est pas. S'il n'est pas confortatif, il y a lieu de prononcer l'amende contre le contrevenant qui n'a pas demandé d'autorisation, mais non la démolition de la construction. L'amende est encourue par le seul fait de la contravention, quoique de fait l'alignement n'ait pas été dépassé.

Quid pour les constructions faites sur les terrains qui

ne font pas actuellement partie de la route, mais qui doivent y être réunis d'après les plans d'alignement arrêtés par l'autorité compétente? Il faut distinguer; si les travaux ne sont pas confortatifs du mur de face ; l'autorisation n'est pas nécessaire. *Secùs* s'ils sont confortatifs. (Cass., 25 juill. 1829. — 4 mai 1833. — Cons., 16 mai 1827. — 1er septembre 1832.) Sauf le droit qui appartient à l'administration de vérifier si les travaux ont été confortatifs du mur de face. (Cons., 23 déc. 1835.)

Par suite de l'alignement donné, il peut y avoir lieu soit à l'avancement, soit au reculement, et ces deux faits donnent droit à une indemnité.

Si le riverain a la faculté d'avancer, il paiera le terrain sur lequel doit se faire l'avancement. S'il ne veut pas acheter, l'administration pourra l'exproprier suivant les formes prescrites par la loi du 7 juillet 1833.

Si le riverain doit reculer, on lui paiera la valeur du terrain délaissé (Cass., 21 oct. 1834.)

Doit-on procéder par expropriation? Non; car il ne s'agit ici que d'une expropriation partielle. L'indemnité sera fixée en conseil de préfecture, suivant les règles de la loi du 16 sept. 1807. (Cass., 7 août 1829.—16 janv. 1836.) (1)

L'indemnité se compense, avec la plus value résultant

(1) Cette jurisprudence n'a jamais pu satisfaire ma conviction de légiste ; distinguer entre l'expropriation partielle et de peu valeur et l'expropriation proprement dite, c'est directement aller contre l'esprit de la loi du 7 juillet 1833. C'est vouloir inévitablement tomber dans l'arbitraire. Je conçois que pour des dépossessions de minime valeur il serait mieux de recourir aux formes plus expéditives d'une indemnité fixée en conseil de préfecture : mais on ne peut pas, en l'absence d'une loi formelle, accorder ainsi un pouvoir exorbitant aux conseils de préfecture, qui ne sont jamais compétents que lorsqu'il s'agit de dommages, mais non point dans le cas d'une expropriation quelque faible qu'on la suppose. A mon avis, il faut une loi pour que les conseils de préfecture soient compétents pour régler l'indemnité en cas de reculement.

pour la propriété riveraine, des travaux qui sont projetés. (Art. 54, l. 16 sept. 1807.)

D. Quelle est l'autorité compétente pour réprimer les contraventions en matière de grande voirie ?

R. « Les contraventions en matière de grande voirie, « telles qu'anticipations, dépôts de fumier ou d'autres « objets, et toutes espèces de détériorations commises « sur les grandes routes, sur les arbres qui les bordent, « sur les fossés, ouvrages d'art et matériaux destinés à « leur entretien, sur les canaux, fleuves et rivières navi- « gables, leurs chemins de halage, francs bords et ou- « vrages d'art, seront constatées, réprimées et poursui- « vies par voie administrative. Il sera statué définitive- « ment en conseil de préfecture. » (L. 29 floréal an X.)

« Seront renvoyés à la connaissance des tribunaux or- « dinaires, les violences, vols de matériaux, voies de fait, « ou réparation de dommages réclamés par des particu- « liers. » (Décr. 16 déc. 1811.) Il en est de même pour les questions de propriété et de servitude que le délinquant soulèverait ; le conseil de préfecture devrait surseoir jusqu'au jugement de ces questions préjudicielles qui sont de la compétence exclusive des tribunaux ordinaires.

La réparation des contraventions consiste dans la condamnation à une amende, et dans la démolition des constructions.

Le recours au conseil d'état n'est pas suspensif.

Mais dans la pratique, lorsqu'il y a recours, le préfet suspend l'exécution, à moins qu'il n'y ait péril en la demeure.

Aucune prescription particulière n'étant établie pour la peine des contraventions, il faut décider que l'on ne peut opposer que la prescription trentenaire. Les art. 639 et 640 instr. crim. ne s'appliquent pas aux contraventions dont la connaissance appartient aux conseils de préfecture. (2163 cod. civ.)

CHAPITRE IV.

Petite voirie. — Chemins vicinaux. — Propriété. — Reconnaissance légale. — Entretien. — Prestation en nature. — Chemins de grande communication. — Contentieux. — Voirie urbaine. — Alignement. — Compétence. — Suppression des rues. — Pavage. — Contentieux.

D. Qu'entend-on par chemins vicinaux? Quelles sont leurs régles?

R. Les chemins vicinaux sont ceux que l'administration a jugés nécessaires pour les communications des communes.

Les chemins vicinaux sont-ils la propriété de la commune? Pour la négative, on se fonde sur ce que ces chemins, avant 1789, sont revenus à l'état par l'abolition de la féodalité. Ce système se fortifie du texte de la loi du 1er décembre 1790, et d'un arrêté du ministre des finances, du 4 germinal an VII. Mais l'affirmative est moins fondée, et s'appuie sur l'art. 538, qui ne range dans le domaine public national que les routes et rues à la charge de l'état. Or, les chemins vicinaux sont à la charge des communes. (Voy. aussi l. 6 oct. 1791, 10 juin 1793.) L'administration a, dans beaucoup de circonstances, reconnu le droit des communes. (Circ. minist., 1824. — 19 février 1828. — 24 juin 1836.)

Les chemins vicinaux sont imprescriptibles (10, l. 25 avril 1836), à moins qu'ils n'aient changé de destination.

Un chemin vicinal ne doit être considéré comme légalement reconnu que lorsque l'arrêté du préfet aura déclaré la vicinalité sur une délibération du conseil municipal. La déclaration de vicinalité suffit pour rendre la commune propriétaire du sol des chemins vicinaux, et pour les élargissements à donner à ces chemins ; mais lorsqu'il s'agit d'ouvrir un chemin nouveau, les formalités de l'expropriation sont indispensables.

L'entretien des chemins vicinaux est à la charge des communes. En cas d'insuffisance des ressources ordinaires de la commune, il y a lieu soit à la prestation en nature, soit au vote de centimes additionnels, dont le maximum est fixé à cinq. (Art. 2.) Ces deux modes peuvent être concurremment employés.

Les prestations en nature sont de deux sortes : l'une, personnelle et directe, imposée à tout habitant de la commune, mâle, valide, et âgé de dix-huit ans au moins et de soixante ans au plus; l'autre impersonnelle, indirecte, imposée au chef de famille ou d'établissement, et à proportion du nombre des membres de la famille, des serviteurs, des charrettes, voitures, bêtes de somme, de trait et de selle. La prestation que chaque habitant doit fournir est de trois journées de travail pour lui, pour chaque serviteur, membre de famille, voitures, bêtes de somme.

Ces deux prestations en nature sont distinctes l'une de l'autre. Ainsi, supposons une personne qui habite dans une commune, et qui ait des propriétés dans une autre, elle paiera sa prestation personnelle là où elle habite, sa prestation matérielle là où se trouvent ses attelages, voitures, etc.

Si un cultivateur a deux établissements agricoles, et que ses chevaux et voitures servent à la fois aux deux exploitations, on calculera, eu égard à la quantité d'hectares de chaque établissement, ce qu'il faut raisonnablement de chevaux et de voitures pour la culture de chacun. (*Moniteur*, 1836, p. 348.)

Les ouvriers laboureurs ou artisans, qui travaillent au

jour ou à la tâche, ne sont pas des serviteurs ; ils ne doivent donc pas entrer en compte.

On n'exigerait point la prestation en nature de celui qui aurait une voiture sans chevaux ou attelages, ni du carrossier ou charron, qui en a un grand nombre en magasin.

La prestation peut être faite en argent, selon les bases fixées par le conseil municipal : si le rachat n'est pas fait en argent, il peut y avoir conversion en tâches. Ainsi, par exemple, on a estimé la valeur de la journée d'un homme à un franc ; chaque habitant, tenu pour trois journées, sera chargé d'un travail estimé trois francs. Il en résulte avantage : 1o pour l'autorité municipale dispensée de la surveillance ; 2o pour le propriétaire qui, avec un travail actif, peut s'acquitter en un moindre temps, et qui, s'il est d'un état maladif et infirme, ne sera point tenu de travailler toute la journée.

Les réclamations et demandes en dégrèvement sont portées devant les conseils de préfecture.

Lorsque le chemin vicinal intéresse plusieurs communes, le préfet, sur l'avis préalable des conseils municipaux, règle le mode de répartition du contingent.

Les chemins vicinaux peuvent être déclarés de grande communication par le conseil général, sur l'avis des conseils municipaux, des conseils d'arrondissement, et sur la proposition du préfet.

Si des modifications sont faites à la proposition du préfet, celui-ci peut la retirer et annuler par là toute délibération du conseil général. (Av. de la commission.)

L'effet de la déclaration du conseil général est que les chemins ainsi classés reçoivent des subventions sur les fonds départementaux, et sont placés sous l'autorité du préfet. (Art. 8, 9.)

Les arrêtés du préfet, portant reconnaissance et fixation de la largeur d'un chemin vicinal, attribuent le sol au chemin. L'indemnité est réglée à l'amiable ou devant le juge de paix du canton. (Art. 15.)

L'indemnité doit être préalable lorsque le préfet a prescrit une augmentation de largeur; car alors il ordonne une dépossession; mais non pas lorsque son arrêté déclare que le chemin a toujours été vicinal avec telle direction et largeur. (Garnier, p. 58, suppl.)

Quand, lors de l'ouverture d'un chemin vicinal, il faut procéder à une expropriation, on suit des formes spéciales que nous exposerons au chapitre des expropriations.

En matière de chemins vicinaux, les conseils de préfecture sont compétents pour faire cesser les anticipations et empiétements commis sur la largeur légale des chemins, mais non point pour prononcer l'amende. Tel est le principe général contraire à celui que l'on observe en matière de grande voirie.

Voyons quelques applications :

1° Un propriétaire riverain ne respecte pas l'alignement qui lui a été donné. Le conseil de préfecture ordonne la démolition des constructions.

2° Un propriétaire empiète sur le sol et construit sans avoir demandé l'alignement. Le conseil de préfecture ordonne la démolition, les tribunaux de police répriment la contravention faite aux réglements administratifs.

3° Un propriétaire ne demande pas l'alignement, mais n'empiète pas sur le sol du chemin. Le tribunal de police prononcera l'amende; il n'y a pas lieu ici à ordonner la démolition d'une construction tout-à-fait innocente.

Toutes les actions relatives aux droits prétendus de propriétés et de servitudes, sur les chemins vicinaux, sont portées devant les tribunaux civils.

D. Quelles sont les règles de la voirie municipale?

R. Les rues, places des villes, appartiennent aux communes (5, l. 10 juin 1793). Les arbres plantés sur les rues sont, sauf titre ou possession contraires, censés appartenir aux riverains; ceux qui sont plantés sur les places sont censés appartenir aux communautés, sauf titre ou possession contraires. (Art 15, l. 18 août 1792).

L'ouverture des rues dans les bourgs et villages, peut être ordonnée par le préfet après la délibération du conseil municipal; et l'expropriation doit être faite selon les formes prescrites par la loi du 7 juillet 1833.

Les projets d'alignement sont adressés au préfet par les conseils municipaux; le préfet les transmet au ministère de l'intérieur et sur le rapport du ministre l'alignement est arrêté en conseil d'Etat.

L'effet de ce plan d'alignement est de frapper d'inertie tous les propriétaires de terrains compris dans le plan; ils ne peuvent plus bâtir sans autorisation, et ils n'ont d'indemnité à prétendre que pour le terrain qui sera acheté (Cass., 5 juillet 1833. — C. d'Orléans, 11 juillet 1833).

Les maires sont chargés de faire exécuter le plan d'alignement. Mais peuvent-ils le donner eux-mêmes dans les villes où le plan général n'a pas été dressé? On peut en douter. Le décret du 27 juillet 1808 a limité le droit des maires à deux ans; le délai a été successivement prorogé par deux ordonnances, pour cesser en 1819. Mais telle n'est point la jurisprudence du conseil d'Etat et de la Cour de Cassation. (Cass., 6 sept. 1828. — 18 juin 1831 et 4 oct. 1832. — Cons., 4 mars 1830. — 6 oct. 1832. — 16 mars 1836). Il a même été jugé que l'alignement donné par le préfet, l'était hors de la limite de ses attributions. (Cons. 4 mai 1826). Nous croyons cette jurisprudence mauvaise en ce qu'elle donne au maire un droit exorbitant; il importe que l'alignement soit donné par un pouvoir qui soit à l'abri des influences locales. On sait combien d'intérêts s'agitent lorsque la création d'une nouvelle route, ou l'ouverture d'une rue, vient produire la hausse et la baisse des propriétés foncières et éveiller les calculs des spéculateurs. Pourquoi placer le maire entre ses intérêts d'une part et ses devoirs de l'autre? N'est-il pas à craindre que pour favoriser les désirs de ses parents et de ses amis, il ne trahisse ceux de la commune; nous le répétons, c'est une mauvaise jurisprudence surtout en présence des textes de loi que nous avons cités et qui permettaient une autre décision.

L'alignement doit être demandé par tout propriétaire riverain de la voie publique; une construction faite sans autorisation, peut être démolie et les tribunaux de simple police, juges des contraventions de petite voirie, (Cons. 8 mai 1836), ne pourraient se refuser d'ordonner la démolition, (Cass. 26 mars 1830. — 15 mai 1835 et 30 janvier 1836), en se conformant à l'appréciation des faits contenus dans les procès-verbaux de l'administration (Cass. 25 juin 1836); ils ne peuvent surseoir sous aucun prétexte (29, 30 janvier 1836).

Tout travail confortatif du mur de face, fait sans autorisation, doit être démoli, et c'est aux officiers de la voirie qu'il appartient de décider si les travaux dont il s'agit sont ou non confortatifs du mur de face (cass. 28 août 1835), et les tribunaux ne peuvent ordonner une expertise pour vérifier le fait déclaré par l'administration. Cette déclaration les lie. (Cass. 18 sept. 1835).

Les rues qui sont la continuation des grandes routes sont pavées aux frais de l'Etat; mais, qui doit payer le pavage des autres rues quand les revenus de la commune sont insuffisants? Un avis du conseil d'état met cette dépense à la charge des riverains; mais, cet avis n'est-il pas illégal et inconstitutionnel en ce qu'il crée un impôt; beaucoup de jurisconsultes l'ont pensé; ce système a été consacré implicitement par un arrêt de cour royale (Rennes, 9 avril 1835), et, en effet, cet entretien du pavage n'est point une servitude, mais bien une véritable contribution, les riverains concourent seuls à la dépense et cependant ils ne sont pas les seuls à se servir du pavé. (Voy. cep. arr. cons., 4 janv. 1833).

La suppression des rues ne peut avoir lieu que par une ordonnance réglementaire, et dans ce cas l'on devra une indemnité aux riverains qui sont privés, par là, de leurs droits de vue ou de passage sur la rue. (Art. 30 l., 16 sept. 1807. — 51 l., 7 juill. 1833) (1). La jurisprudence s'est prononcée dans ce sens. (Rennes, 20 février 1811. — Bourges, 6 avril 1829. — Cass. 5 juillet 1836).

Les tribunaux civils connaissent de toutes les contestations relatives à la propriété, aux servitudes et indemnités.

Les délits de voirie urbaine sont dans l'attribution des tribunaux de simple police. (471, cod. pén.)

Quid si les rues sont la continuation des grandes routes? Nous pensons que sans aucune distinction l'autorité judiciaire a la concurrence pour la répression des contraventions avec l'autorité administrative. La première saisie de la contestation est compétente. Telle est la jurisprudence de la cour de cassation, (3 juin 1811, 14 avril 1824.— 137, cod. instr. crim., 471, cod. pén.), mais le conseil d'état, juge suprême des conflits, donne la compétence exclusive de ces contraventions à l'autorité administrative. (Cons. 31 juill. 1822. — 15 nov. 1824).

(1) Dans le cas d'ouverture d'une rue, on fait payer la plus-value; ne doit-on pas tenir compte de la moins-value qui résulte de sa suppression.

CHAPITRE V.

Régime des eaux. — Mer. — Lais et relais. — Varech. — Contentieux. — Rivières navigables. — Propriété. — Déclaration de navigabilité. — Réglement d'eau et curage des rivières. — Chemin de halage. — Contraventions. — Compétence. — Rivières flottables. — Usines. — Ponts et bacs. — Pêche.

D. Quelles sont les règles relatives à la mer ?

R. La mer n'est point susceptible d'appropriation. Cependant chaque nation exerce, à une certaine distance des côtes, un droit de police fondé sur le droit de souveraineté et de défense naturelle.

Quelle est cette distance au-delà de laquelle le droit de souveraineté cesse? Sera-ce jusqu'où la vue peut s'étendre? mais ce serait tomber dans l'arbitraire. Celle qui paraît la plus rationnelle est déterminée par la portée du canon des côtes, le souverain se saisissant de l'espace par une sorte d'occupation réelle et pouvant faire respecter son autorité. En France, elle est fixée à quatre lieues en mer. (Art. 3, tit. 2, liv. 4, germinal an II.)

On appelle lais les alluvions que forme la mer; relais les terrains que la mer abandonne insensiblement. L'art. 538 les range dans le domaine public ; mais nous pensons que c'est une erreur : les lais et relais sont, à n'en pas douter, prescriptibles. (Voy. Toullier, tome 3.) L'art. 41. L. 16 sept. 1807. L. 8 avril 1835, en permettent l'aliénation.

La pêche maritime est libre ; celle du thon exceptée. Elle a lieu soit sur les côtes et grèves de la mer, soit dans les fleuves et rivières qui affluent à la mer, jusqu'au point où elles cessent d'être salées.

Le voisinage de la mer donne lieu, depuis un temps immémorial, au profit des communes limitrophes, à un droit de recueillir les plantes maritimes connues sous le nom de Varech. Les préfets déterminent, par des règlements, ce qui est relatif à leur récolte.

Toutes les questions de propriétés, de prescriptions sur les lais et relais de la mer, sont de la compétence des tribunaux ordinaires.

D. Qu'est-ce que les rivières navigables, et quelles sont leurs règles ?

R. Les rivières navigables sont celles qui portent bateaux; sont navigables aussi tous les bras de rivières ou peut pénétrer une barque de pêcheurs.

L'administration a deux actions différentes sur les rivières navigables ou flottables : 1° comme autorité pour tout ce qui est voirie et police de navigation; 2° comme gestion domaniale pour les produits que l'état peut tirer des propriétés domaniales.

Les rivières navigables appartiennent à l'état (538, c. c.) Pour qu'une rivière soit navigable, il ne suffirait pas que dans certains endroits elle pût porter des batelets, il faut qu'elle puissse servir de communications et faire l'office d'un chemin.—La déclaration de navigabilité a lieu par une ordonnance royale. Qu'une rivière soit rendue navigable par des travaux d'art ou qu'elle le devienne naturellement, peu importe, elle fera partie du domaine public (Cass. 29 juillet 1828.)

De ce que le domaine public revendique à lui les cours d'eau navigables, il suit 1° que toutes les productions des rivages appartiennent au gouvernement; 2° qu'aucune entreprise ne peut y avoir lieu sans sa permission.

Quand le fleuve se creuse un nouveau lit et abandonne l'ancien, l'état donne le lit abandonné aux propriétaires dépossédés, et cela à titre d'indemnité (563 cod. civ.)

L'alluvion qui se forme sur les bords des rivières navigables appartient aux riverains (556-557) c'est l'accessoire du fonds principal.

Plusieurs systèmes ont été émis pour le partage des alluvions (1). Tous s'appliquent avec facilité lorsque la direction du fleuve est unique dans toute l'étendue de l'alluvion. Mais si le cours du fleuve forme, ainsi que la rive, des angles rentrants, il y aura des difficultés très-grandes et mêmes insolubles de partage, et plusieurs parties de l'alluvion resteront sans maître.

Un nouveau système a été proposé par M. Philippe Dupin, il ne consiste plus, soit à prolonger les limites des héritages, soit à tirer des perpendiculaires sur une ligne parallèle au cours du fleuve, deux systèmes également impraticables; mais à diviser la ligne de la rive nouvelle en autant de parties proportionnelles qu'il y a de propriétés aboutissantes à la première, et de joindre par une ligne droite les limites de chaque propriété aux divisions correspondantes marquées sur la nouvelle rive. Ce système est évidemment le meilleur mais il conduit à un résultat inique c'est que le propriétaire qui n'a qu'un point sur la rive ne participe pas à l'alluvion, or le droit d'alluvion provient d'une espèce de chance aléatoire qu'on a voulu établir. Mais les empiétements du fleuve ne se bornent pas aux points riverains. Il eût été plus juste de déterminer par une loi la distance jusqu'à laquelle une propriété serait regardée comme riveraine, et de partager ensuite l'alluvion, non point eu égard seulement aux lignes riveraines des héritages, mais eu égard à la surface des propriétés voisines du fleuve, et jusqu'à la limite même où s'arrêterait la qualité de fonds riverain.

Lorsqu'un chemin de halage sépare du fleuve une pro-

(1) On entend par alluvion l'accroissement qui se forme successivement et imperceptiblement aux fonds riverains d'un fleuve.

priété privée, le riverain a néanmoins droit à l'alluvion, car il est propriétaire du chemin de halage. (Montpellier 5 juillet 1835.)

Il en serait autrement si c'était tout autre chemin public qui séparât la propriété du fleuve. (Cass. 12 déc. 1832-16 févr. 1836.)

Si l'existence de l'alluvion devait compromettre l'intérêt de la navigation, l'administration pourrait en ordonner l'enlèvement, sauf le droit du propriétaire à une indemnité qui serait réglée par le jury, car il s'agit ici d'une expropriation.

Les îles, îlots qui se forment dans les rivières navigables n'appartiennent point aux particuliers, mais sont du domaine de l'état et par conséquent aliénables et prescriptibles.

Aucune prise d'eau ne peut être ouverte dans une rivière navigable sans l'autorisation expresse de l'administration.

« Nul ne peut faire moulins, batardeaux, écluses,
« gords, pertuis, murs, plants d'arbres, amas de pierres,
« de terre, de fascines ni d'autres édifices ou empêche-
« ments nuisibles au cours de l'eau, dans les fleuves et
« rivières navigables et flottables, ni même y jeter aucu-
« nes ordures, immondices, ou les amasser sur les quais
« et rivages à peine d'enlèvement aux frais de ceux
« qui les ont faits ou causés, et de cinq cents livres d'a-
« mende même contre les fonctionnaires publics qui au-
« raient négligé de les faire enlever. »

« Ceux qui ont fait bâtir des écluses, vannes, gords,
« et autres édifices dans l'étendue des fleuves et ri-
« vières navigables sans en avoir obtenu la permission,
« sont tenus de les démolir, sinon ils le sont à leurs
« frais et dépens »

« Il est défendu à toutes personnes de détourner
« l'eau des rivières navigables et flottables, et d'en affai-
« blir ou altérer le cours par tranchées, fossés ou ca-

« naux, à peine d'être punies comme usurpatrices et « condamnées aux dépens de réparations. » (Ord. 1669. 42, 43, 44, et art 27.)

Toute autorisation de construire des usines est accordée par le roi, laquelle doit être précédée d'une enquête administrative.

Malgré la permission de l'administration, les dommages causés par l'établissement de ces usines donnent lieu à une action en dommages intérêts de la part des propriétaires voisins qui souffrent des inondations à cause du refoulement des eaux. (1382-1383. Art. 15 et 16 Tit. 2 L. 6 oct. 1791.)

Sur la demande des parties intéressées, la suppression de l'usine peut être ordonnée par le conseil de préfecture s'il s'agit d'usines non autorisées; par ordonnance du roi s'il s'agit d'usines autorisées. Les tribunaux ordinaires sont incompétents toutes les fois qu'il s'agit d'ordonner la démolition de travaux faits dans une rivière navigable. Ils peuvent seulement condamner à des dommages-intérêts.

Lorsque la nécessité de la navigation, et l'intérêt public font ordonner la suppression de l'usine, il n'y a lieu à aucune indemnité; le droit concédé par l'administration est essentiellement précaire et aux risques et périls du constructeur.

Lorsque la suppression d'une usine devient nécessaire, le préfet peut suspendre provisoirement le travail de l'usine et provoquer l'ordonnance de révocation.

Le curage des rivières navigables est à la charge de l'état; mais si les riverains ont le droit de faire des prises d'eau d'après les concessions de l'administration, ne devront-ils pas concourir au curage ? Non, à moins que ce ne soit une des conditions expresses de la concession pour prix de laquelle l'administration est libre de faire toute convention non prohibée.

D. Qu'est-ce que le chemin de halage ?

R. Tout propriétaire riverain doit laisser sur le bord de sa propriété l'espace nécessaire pour tirer les bateaux soit à bras d'homme soit à l'aide de chevaux. C'est ce qu'on appelle la servitude du chemin de halage.

La largeur de ce chemin est de 24 pieds. (Ord. 1669.)

D. *Quid* en cas de déclaration de navigabilité, qui fixe l'indemnité due pour le chemin de halage?

R. Lorsqu'une rivière est déclarée navigable, il y a lieu à réclamer aux riverains le chemin de halage, mais avec une imdemnité qui, d'après les règles déjà connues sera fixée par le conseil de préfecture, car il ne s'agit point ici d'une expropriation mais de la création d'une servitude. (Cons. 2 janvier 1838.)

Si cependant une maison avait été construite sur le bord de la rivière alors non navigable, ou que par l'effet de l'avancement des eaux dans le milieu des terres la maison se trouvât dans la largeur destinée au chemin de halage, il y aurait lieu à une véritable expropriation puis que l'exercice de la servitude ne pourrait avoir lieu que par la démolition préalable de la maison, et nous pensons que le jury serait compétent.

Mais s'il s'agissait de la démolition de constructions de peu de valeur, de l'abattage d'arbres, haies etc. le conseil de préfecture connaîtrait de l'action en indemnité.

Le chemin de halage est-il dû sur les îles des rivières navigables? La généralité des termes de l'ordonnance ne permet pas de distinguer: « les propriétaires des héritages aboutissants aux rivières navigables. » Les îles sont bien des aboutissants dans le sens de l'article, mais il résulte de l'arrêté du conseil du 26 juin 1777 qu'on ne peut exiger le chemin de halage sur les îles qu'autant que besoin en sera.

Le chemin de halage n'étant qu'une servitude exigée dans le seul intérêt de la navigation, il en résulte que le passage ne pourra avoir lieu que pour tirer des bateaux et non point par exemple pour y étendre des filets de pêcheurs. (Art. 35 L. 15 avril 1829.)

De même le débiteur d'une servitude n'étant pas tenu de faire, mais de laisser jouir, l'État devra faire les frais que nécessiteront les réparations du chemin.

C'est au préfet qu'il appartient d'ordonner l'établissement d'un chemin de halage et d'en fixer la largeur, l'arrêté du préfet peut être déféré au ministre, car il ne s'agit pas ici de matière contentieuse. C'est le conseil de préfecture qui connaît des contraventions commises sur ces voies, comme sur les autres voies publiques.

Les contraventions commises sur les cours d'eau navigables appartiennent au conseil de préfecture comme en matière de grande voirie.

Les préfets prononcent sur la question de navigabilité des rivières, sauf recours au ministre. (Cons. 27 déc. 1820.)

Ils peuvent faire démolir les travaux lorsqu'ils entravent le cours du fleuve et font craindre des inondations. (Cons. 5 janv. 1831.)

Le même droit appartient aux sous-préfets et aux maires.

Les tribunaux ne peuvent prononcer la destruction des ouvrages, mais ils connaissent de toutes les actions en indemnité résultant de l'établissement de ces ouvrages, l'intérêt privé étant ici seul en jeu.

D. Qu'est-ce que les rivières flottables ?

R. Les rivières flottables en trains ou radeaux dépendent du domaine public, mais non point celles qui ne sont flottables qu'à bûches perdues. (Cass. 22 août 1823.)

Le chemin de halage est-il dû dans ces sortes de rivières? nous le pensons, il est de la même nécessité pour tirer les radeaux. (650 cod. civ. art. cons. 8 mai 1822.)

Le curage des rivières flottables est à la charge de l'état. Voyons maintenant qui juge les contraventions.

Le conseil d'état (8 mai 1822. 4 févr. 1824) a fait l'application d'un décret de 1811 relatif aux digues établies sur les bords de la mer, pour attribuer la connaissance des contraventions dont nous parlons aux conseils de préfecture ; mais l'opinion contraire soutenue avec conviction par M. Proudhon, est fondée sur des principes incontestables sur la juridiction exceptionnelle des conseils de préfecture qui ne peuvent prononcer sur aucune matière que lorsqu'un texte positif de loi leur en donne le droit. Cette opinion doit être suivie, quoique le droit de réglement appartienne à l'autorité administrative.

D. Qu'est-ce que les canaux de navigation ?

R. Les canaux sont des cours d'eau creusés de main d'homme.

Les canaux destinés à la navigation sont assimilés aux grandes routes quant à leur construction, quant à leur entretien et quant à leur police.

Un chemin de halage est-il dû dans ces canaux ? Nous pensons qu'il n'est dû qu'à charge d'indemnité, fixée à l'amiable ou par le jury, car il s'agit ici d'une expropiation. La servitude de chemin de halage ne doit pas être exigée dans les cas non prévus; si elle l'est de la part des riverains des rivières navigables ou flottables, c'est une compensation pour les avantages qu'ils retirent de la rivière, avantages qui ne sauraient exister quand il s'agit de canaux.

Les ponts destinés au service des grandes routes sont soumis aux mêmes règles que ces routes. Ils sont à la charge de l'état.

D. Qu'est-ce que les bacs ?

R. Les bacs sont des bateaux plats disposés de manière à transporter d'une rive à l'autre en l'absence de ponts.

Les bacs et bateaux sur rivières navigables appartiennent à l'administration, qui met en ferme leur exploitation par adjudication publique. Le procès-verbal d'adjudication fixe les charges et contient le tarif arrêté par ordonnance du roi.

L'interprétation du bail appartient aux conseils de préfecture. (L. 6 frimaire an VII.) Les amendes qui résulteraient de ce que les adjudicataires auraient pris aux passagers plus que le tarif le leur permettait, sont prononcées par le juge-de-paix; s'il y a eu injures et voies de fait, les tribunaux de police correctionnelle sont compétents.

Les tribunaux ordinaires sont compétents à raison de l'exécution du bail et des dégradations du bac. (Cass., 11 nov. 1834.)

Quid si un pont-autorisé est construit dans le voisinage du bac, à qui appartient la connaissance du préjudice causé au fermier du bac? Aux conseils de préfecture, on assimile ce préjudice aux torts et dommages causés par les travaux publics. (Cons., 14 juillet 1830.)

Mais les tribunaux civils sont seuls compétents pour statuer sur les indemnités résultant de la résiliation des baux, lorsqu'il n'a pas été convenu par l'administration que la résiliation aurait lieu sans indemnité. (Cons., 22 oct. 1830.)

La pêche des rivières navigables sera exercée au profit de l'état. (Art. 1, L. 15 avril 1829.)

CHAPITRE VI.

Expropriation pour cause d'utilité publique. — Lois antérieures — Loi nouvelle. — Déclaration d'utilité publique. — Détermination des propriétés à exproprier. — Voies amiables. — Prononcé de l'expropriation. — Fixation de l'indemnité. — Expropriation en cas de déclaration de vicinalité.

D. Quelles sont les règles de l'expropriation pour utilité publique?

R. Nous avons vu que la création d'une route, ou la déclaration de navigabilité d'une rivière donnait lieu à une expropriation. Avant d'aller plus avant et de passer au domaine privé, il convient d'exposer les règles à suivre pour cette expropriation.

La loi de 1807 donna la fixation de l'indemnité aux conseils de préfecture; mais on conçoit que ce n'était point présenter assez de garanties aux propriétaires. Sur les réclamations d'un grand nombre, intervint la loi de 1810, qui accorda le droit de fixer l'indemnité aux tribunaux ordinaires. Cela donna lieu à des abus opposés. Les tribunaux, toujours prêts à exagérer les droits des propriétaires, imposèrent, dans beaucoup de circonstances, des conditions onéreuses à l'administration, et les solennelles lenteurs de la justice retardaient indéfiniment des travaux, quelquefois d'une indispensable nécessité. Après la révolution de juillet, lorsque la crainte des ennemis du dehors, et peut-être aussi des ennemis du dedans, eut nécessité la création des forts détachés dans les principales villes, et surtout dans toutes celles qui pouvaient être un foyer de révolte, on sentit qu'il était indispensable de déroger à la loi de 1810. Les bons effets que produisit cette loi du 2 avril 1831, firent penser à étendre à tous les cas la promptitude de décision qui résultait du nouveau système.

La loi du 7 juillet 1833 a cherché à concilier l'intérêt des propriétaires avec celui de l'administration. Voyons quelles sont les bases de cette loi.

Il faut d'abord déclarer l'utilité publique, ce qui se fait par l'ordonnance royale qui autorise les travaux, ou quelquefois par une loi, lorsqu'il s'agit de grands travaux publics. L'ordonnance ou la loi doivent être précédées d'une enquête administrative qui a pour but, en recevant les observations des habitants, de faire connaître s'il y a utilité publique à exécuter les travaux projetés. Les formes en sont réglées par une ordonnance du 18 févr. 1834. (Art. 1, 2, 3.)

Une fois l'utilité publique reconnue et déclarée, il y a lieu de s'occuper de la direction plus immédiate des travaux. Les ingénieurs dressent les plans des terrains à exproprier ; ces plans sont déposés à la mairie de la commune, et les intéressés sont admis à faire valoir leurs réclamations, qui seront appréciées par une commission, présidée par le sous-préfet, composée de quatres membres du conseil-général ou du conseil d'arrondissement, désignés par le préfet, des maires des communes où les propriétés sont situées et de l'un des ingénieurs.

Si la commission juge qu'il y a lieu de modifier le tracé, il faudra attendre la décision de l'autorité supérieure. Dans le cas ou aucune modification ne serait apportée aux travaux, le préfet prend un arrêté motivé, indiquant l'époque de la dépossession. (Art. 11.) Le recours au conseil-d'état n'est point admis contre la décision de l'administration.

Dans le cas où il s'agit de travaux communaux, c'est le conseil municipal qui fait l'office de commission. (Art. 12.)

L'administration notifie les offres après avoir ordonné une préalable expertise.

Dans la quinzaine, le propriétaire doit faire connaître s'il accepte ou non. En cas d'acceptation, il est passé un acte de vente qui, s'il présente des difficultés postérieures, sera, dans son interprétation, soumis à la juridiction ordinaire des tribunaux. (13-24.) (Cons., 29 mars 1828.)

Si le propriétaire refuse, le préfet transmet au procureur du roi la loi ou l'ordonnance qui ordonne les travaux et son arrêté d'indication des propriétés. Dans les trois jours, sur la requête du ministère public, le tribunal prononce l'expropriation. (Art. 14.) (1).

D. Doit-on publier le jugement d'expropriation?

R. Le jugement est rendu public pour avertir les tiers de la dépossession du propriétaire. Ce jugement doit porter le visa ou l'énonciation des pièces sur lesquelles se fonde la demande, et cela à peine de nullité. (Cass., 1er juill. 1834.)

R. La notification est faite au domicile élu par le propriétaire ; s'il n'y a pas eu élection, au maire et au fermier, ou régisseur de la propriété. (Art. 15.)

Le recours en cassation n'est admis que pour deux causes : 1o incompétence ou excès de pouvoirs; 2o vices de formes de jugement. Il doit avoir lieu dans les trois jours de la notification ; mais on pourrait évidemment se pourvoir avant cette notification. Cette manière de procéder abrège les délais, et rentre bien mieux dans le vœu de la loi. (Cass., 6 janv. 1836.) La cour de cassation doit juger dans le mois.

Le jugement du tribunal civil sera transcrit au bureau du conservateur des hypothèques ; dans la quinzaine de

(1) Le tribunal compétent est celui de la situation des biens; la demande en expropriation étant une action réelle dirigée contre tout détenteur de la chose.

cette transcription, les priviléges et hypothèques conventionnelles judiciaires ou légales seront inscrits. A défaut de cette inscription dans le délai, l'immeuble est franc et quitte de toute charge hypothécaire. Il en est de même dans le cas de conventions amiables; le délai court à partir de la transcription de l'acte de vente.

Les créanciers inscrits n'ont pas le droit de sur-enchère; mais ils peuvent exiger la fixation de l'indemnité par le jury. En ce cas, si le jury accorde une indemnité plus forte que celle qui est portée dans l'acte de vente à l'amiable, l'administration n'aura cependant point de recours contre le propriétaire; on ne peut assimiler ce cas à celui d'une vente volontaire. Quoique le propriétaire accepte les offres de l'administration, il ne le fait que parce qu'il les trouve raisonnables, et qu'il ne peut pas s'opposer à l'expropriation; mais, sans la déclaration d'utilité publique, il n'aurait peut-être pas consenti, même au prix le plus fort, à céder une propriété que des souvenirs de famille ou d'enfance lui rendent si chère. D'ailleurs, il est de principe que toute disposition rigoureuse doit être scrupuleusement restreinte dans ses termes. (2191, cod. civ.)

Le jugement transmet à l'état la propriété des biens expropriés, sauf indemnité qui sera réglée amiablement ou par le jury.

Dans la huitaine qui suit la notification du jugement d'expropriation, le propriétaire est tenu de faire connaître à l'administration tous ceux qui ont des droits sur l'immeuble à sa connaissance (1).

L'administration notifie aux propriétaires et intéressés les sommes qu'elle offre pour indemnité. Ceux-ci sont, dans la quinzaine, tenus de déclarer leur acceptation, ou le montant de leurs prétentions, afin que, si elles ne sont

(1) Ainsi, il n'est tenu de déclarer que les servitudes qui sont fondées sur des actes de propriétés dans lesquels il est intervenu.

pas trop exorbitantes, l'administration puisse éviter des lenteurs et de nouveaux frais.

L'acceptation de ces offres est tellement favorable, que les tuteurs et maris peuvent les accepter pour leurs femmes et pupilles, avec l'autorisation du tribunal, donnée sur simple mémoire, le ministère public entendu.

S'il s'agit d'exproprier des biens départementaux ou communaux, les préfets et maires ne peuvent accepter les offres faites qu'après délibération du conseil général, du conseil municipal, approuvée par le préfet en conseil de préfecture.

Si les offres ne sont pas acceptées par les propriétaires ou intéressés, ou par les uns ou les autres seulement, il y a lieu de recourir au jury, composé de douze jurés, choisis sur une liste de trente-six à soixante-douze membres élus par le conseil général, sur les listes d'électeurs et de jurés, parmi lesquels le tribunal du lieu nomme vingt membres, dont seize titulaires, quatre supplémentaires. (Art. 29-30.)

La décision du jury est rendue à la majorité ; la voix du président est prépondérante en cas de partage.

Le recours en cassation n'est admis que pour inobservation des formes prescrites par les art. 30 et suiv., jusqu'à l'art. 40 de la loi nouvelle.

Si l'indemnité fixée par le jury est inférieure ou égale aux offres de l'administration, les dépens sont supportés par les propriétaires qui n'ont point accepté les offres, et si les propriétaires consentaient aux offres, et que la demande seule de créanciers récalcitrants ait donné lieu à tous les frais d'une estimation par jury, les dépens doivent, de toute justice, ne retomber que sur eux seuls, puisqu'eux seuls les ont occasionnés. (1382-1383.)

Si l'indemnité est plus forte que les offres de l'administration, mais moins forte que la demande des propriétaires, les dépens sont compensés.

Si l'indemnité est égale ou supérieure à la demande

des parties, l'administration est condamnée aux dépens.

Cette manière de répartir les dépens entre les parties est très-sage et résulte de la nature des choses. Les dépens sont la punition des téméraires plaideurs.

Le jury fixera l'indemnité qui appartient à chaque intéressé, au fermier, à l'usufruitier, sauf à renvoyer pour la contestation sur ces droits aux tribunaux ordinaires.

La valeur des immeubles pourra être déterminée par vingt-cinq fois la valeur du revenu déclaré par la matrice du rôle de la contribution foncière (1), pourront aussi les jurés s'aider, en outre, des éclaircissements qui peuvent résulter des baux non-suspects, des procès-verbaux d'estimation qui ont pu être dressés précédemment à des époques rapprochées, et évaluer le revenu au taux moyen entre les résultats de ces divers renseignements.

Si l'on exproprie partiellement, il faut tenir compte de la moins value du surplus de la propriété; le propriétaire peut même forcer l'administration à prendre la propriété entière. Il devra alors le requérir par une déclaration formelle, adressée au magistrat directeur du jury.

Si l'on exproprie une usine ou autre établissement industriel, on doit, pour fixer l'indemnité, avoir égard non-seulement au prix des impenses et des constructions, et à la valeur du sol; mais encore à l'industrie que l'on enlève au propriétaire? Devra-t-on un capital proportionnel aux revenus? non, car ce serait favoriser l'oisiveté; d'ailleurs, le propriétaire peut toujours transporter ailleurs son industrie. On doit seulement une somme à titre de dommages-intérêts, et cette somme s'évaluera d'après le délai moral, qu'il est con-

(1) L'article 2165 du code civil porte quinze fois la valeur, mais cette valeur est évidemment trop faible. Si le code civil était révisé maintenant, on modifierait sans contredit cette évaluation.

venable d'accorder à l'évincé pour établir une nouvelle usine, et d'après l'importance et les produits de la première industrie, et les difficultés d'en créer une aussi lucrative.

Le jury doit n'accorder qu'avec défiance et scrupuleuse attention, les indemnités pour constructions, plantations et améliorations faites peu de temps avant l'expropriation et qui peuvent n'avoir été faites que pour obtenir une indemnité plus élevée (52).

Si l'exécution des travaux doit procurer une augmentation de valeur au restant de la propriété, cette augmentation pourra, (cela est laissé à l'arbitrage du jury), être prise en considération dans l'évaluation de l'indemnité (51). Mais il faut que l'augmentation soit immédiate et non point seulement dans la prévision de l'avenir; il faut qu'elle soit spéciale au restant de la propriété.

Sous la loi de 1807, l'indemnité de la plus value était payée même par les propriétaires non expropriés (art. 30). Cette disposition n'a jamais été appliquée, chacun pouvant dire que ce n'est pas lui qui a demandé l'exécution des travaux, qu'ils sont faits contre son gré. L'administration n'a point de moyens pour forcer ceux qui se refusent à la contribution; mais beaucoup s'imposent volontairement en considération des avantages qui résultent pour leurs propriétés de la création d'une route nouvelle.

La prise en possession de la part de l'administration ne peut avoir lieu qu'après l'entier acquittement des indemnités ou après la consignation précédée d'offres réelles.

Les difficultés les plus grandes qui s'élèvent sur la loi du 7 juillet 1837, c'est sur le point de savoir, quand cette loi sera applicable, et quand le conseil de préfecture sera complet.

Nous avons déjà vu et nous verrons dans les cas particuliers, se représenter l'application de cette question générale. Voici le principe fondamental de la matière. Toutes les fois qu'il s'agit de dommages, le conseil de préfecture est compétent, il ne l'est plus quand il s'agit d'expropriation.

D. Mais, que décider quand les dommages sont permanents?

R. Il faut distinguer. Ou malgré la permanence de ces dommages, le fonds produit toujours un revenu utile, ou il est impossible de tirer parti du fonds. Dans le premier cas le conseil de préfecture sera compétent, il n'y a pas expropriation, nous adopterons alors la jurisprudence du conseil; dans le deuxième, il y a véritable expropriation, on devra donc suivre les règles de la loi de 1833 (1).

Il y a un mode spécial d'expropriation dans le cas de déclaration de la vicinalité d'un chemin. Le jury spécial n'est composé que de quatre membres présidés par l'un de ces membres ou par le juge de paix du canton, selon le vœu du tribunal; ce magistrat aura voix délibérative en cas de partage (16 l., 21 mai 1836).

S'il s'agit de dépôts ou enlèvements de terre, extraction de matériaux, l'action en indemnité sera, d'après les règles déjà exposées, de la compétence exclusive des conseils de préfecture (17).

L'action en indemnité pour les terrains expropriés ou pour extraction de matériaux est prescrite par deux ans. Cette prescription courra du jour de la dépossession ou de l'extraction des matériaux. (Garnier.)

D. Cette prescription court-elle contre les mineurs?

R. On peut dire en faveur du mineur que l'on ne doit pas appliquer l'art. 2278 du code, que cet article ne s'applique qu'aux prescriptions de la dernière section du code civil, et ne peut être étendu aux prescriptions créées postérieurement.

(1) La Cour de Cassation décide que dans ce dernier cas ce sont les tribunaux ordinaires qui sont compétents, nous ne saurions adopter cette jurisprudence étrange.

Section deuxième.

—

DOMAINE PRIVÉ.

—

CHAPITRE 1er

Bois et Forêts, — Bois et Forêts de l'état. — Délimitation et bornage. — Aménagement. — Adjudication. — Réarpentages et récolements. — Affectations et droits d'usage, — Bois des Communes et des établissements publics. — Délimitation et bornage. — Aménagement. — Adjudication. — Affouage. — Droits d'usage. — Compétence.

D. Quelles sont les règles relatives aux bois et forêts de l'état ?

R. La conservation des bois et forêts intéresse l'état, dont ils forment l'une des principales richesses.

Les bois et forêts de l'état sont aliénables et prescriptibles; ils font partie de ce que nous avons appelé le domaine privé de l'état.

La délimitation est la fixation de la ligne séparative de deux propriétés; le bornage est la constatation de cette séparation par l'apposition de bornes.

L'état, comme propriétaire des bois et forêts, est considéré comme un simple particulier. La séparation entre s bois de l'état et les propriétés riveraines pourra être quise, soit par l'administration forestière, (1) soit par s riverains.

C'est au préf t que doivent être adressées toutes les mandes en délimitation et bornage. L'action en délimitation partielle s'intente dans les formes ordinaires, est-à-dire par une assignation donnée au préfet, ou r une assignation que le préfet donne aux parties, suint les cas; les tribunaux compétents sont les tribunaux vils. (Art. 9 cod-for.)

La délimitation générale est soumise à la publicité et la contradiction des riverains. Après le délai de deux ois, depuis que la publicité du projet de délimitation eu lieu, les agents de l'administration forestière procèdent à la délimitation en présence ou en l'absence des ropriétaires riverains qui ont été mis en demeure de résenter leurs observations et réclamations de toute spèce.

L'aménagement est l'opération au moyen de laquelle es forêts sont divisées en coupes successives dans l'intérêt des propriétaires, et de la conservation des forêts: a loi ne pose que des règles générales, car tout dépend ici des localités. Il ne peut être fait dans les bois de 'état aucune coupe extraordinaire sans ordonnance spéiale du roi, sous peine de nullité des ventes, que les ribunaux prononceront, et sauf le recours contre les onctionaires ou agents. (15—16.)

Aucune vente dans les forêts de l'état ne peut avoir ieu que par voie d'adjudication publique, précédée l'annonces, sous peine de nullité et d'amende, soit contre es fonctionnaires, soit contre les adjudicataires euxmêmes, en cas de complicité qui est de droit présumée si l'adjudication n'a pas été publique. (17-18-19.)

(1) Cette administration se compose d'un directeur, de trois sous-directeurs, de conservateur dans chaquune des vingt conservations forestières, et d'inspecteurs, sous-inspecteurs,

Ne pourront se rendre adjudicataires les agents forestiers sous peine de nullité de vente, d'amende, et de prison, ni leurs parents et alliés en ligne directe, frères, beaux-frères, oncles ou neveux, ni les conseillers de préfecture. On pourrait prouver l'interposition de personnes et faire annuler la vente. (21.)

Les contestations qui, pendant le cours des opérations, s'élèvent sur la validité des enchères, sont décidées souverainement et sans appel par le fonctionnaire qui préside la séance d'adjudication. (20.)

Les conseils de préfecture sont juges de la validité des sur-enchères. (26.)

Excepté le cas de jugement sur la validité des sur-enchères, les tribunaux ordinaires sont compétents pour juger la validité ou l'invalidité des adjudications. (Cons. 28 février 1827.)

Les obligations de l'adjudicataire sont de faire les exploitations, sous la surveillance des agents de l'administration, dans les limites et aux conditions imposées lors de l'adjudication, aux époques qu'elle a déterminées, avec les formalités de garde vente agréé par l'agent forestier, de mode de coupes, de temps que la direction des bois et forêts a prescrits.

A dater du permis d'exploiter, l'adjudicataire est responsable des délits commis dans la vente et à l'ouie de la cognée (1), si le garde-vente n'a pas constaté le délit. Si le délit a été constaté, l'administration n'a d'action que contre les délinquants. (Cass., 17 août 1833.)

Après toute exploitation, il y a lieu au réarpentage et au récolement. Le réarpentage a pour objet de constater définitivement l'étendue de la coupe. Le récolement est la vérification des coupes faite pour s'assurer si l'adjudicataire a rempli ses obligations.

(1) La distance est de deux cent cinquante mètres, à partir de la limite de la coupe.

Trois mois après la vidange des coupes, l'administration pourra être mise en demeure, et un mois après cette mise en demeure, l'adjudicataire sera déchargé.

L'adjudicataire devra être présent au récolement; il pourra appeler un arpenteur de son choix pour assister aux opérations du réarpentage. Le procès-verbal qui sera dressé pourra être annulé pour défaut de forme ou pour fausse énonciation, à la requête de l'administration ou de l'adjudicataire. Il sera statué par le conseil de préfecture, sauf appel au conseil d'état; car cet appel est de droit toutes les fois que la loi ne l'interdit pas formellement. Si l'administration n'a élevé aucune contestation, décharge d'exploitation sera délivrée par le préfet à l'adjudicataire.

Les règles sont les mêmes pour les adjudications de glandée, panage et paisson dans les bois de l'état (1).

L'affectation est, en général, un droit concédé à titre onéreux ou gratuit, de prendre annuellement dans une forêt une quantité déterminée de bois pour alimenter une usine. Ces affectations sont devenues onéreuses pour l'état, à raison du bas prix auquel le bois y était concédé, et qui n'était en aucune proportion avec la valeur réelle des coupes livrées.

Le Code forestier a maintenu ces affectations jusqu'au 1er septembre 1837 seulement, lorsque les lois existantes à l'époque des concessions défendaient l'aliénabilité des bois de l'état. (Ord. 1566-1579.) Mais si les lois permettaient l'établissement de ces concessions, elles seront maintenues, sauf le droit qui appartient à l'état de racheter ces affectations par voie de cantonnement, c'est-à-dire par une attribution en pleine propriété aux usagers

(2) Le mot glandée exprime la faculté d'introduire des porcs dans un bois pour y manger les glands des chênes. Le mot panage exprime la même faculté étendue aux faines et autres fruits, il en est de même du mot paisson.

d'une partie de la forêt soumise au droit d'usage. Nous en indiquerons plus bas les règles.

Les tribunaux ordinaires sont compétents pour se prononcer sur la légalité du droit d'affectation.

A l'avenir, aucune affectation ne sera faite dans les bois de l'état; et quant à celles qui seront maintenues, le chômage de l'usine pendant deux ans les fait cesser de plein droit, à moins qu'il ne soit causé par une force majeure dûment constatée.

D. Qu'est-ce que le droit d'usage?

R. Le droit d'usage peut être défini la faculté acquise, soit aux communes, soit aux particuliers, de faire paître leurs bestiaux ou de prendre du bois dans une forêt.

On distingue plusieurs espèces de droit d'usage. Le pâturage ou pacage, droit de faire paître le bétail; le panage, ou droit de mener des porcs dans une forêt pour s'y nourrir de glands ou de faines; la prise du bois propre aux échalas d'une vigne; la coupe du bois de chauffage; la prise du mort bois; la prise du bois mort ou sec; le marronage, ou coupe des bois de construction.

L'étendue du droit d'usage dans les forêts s'apprécie par le titre constitutif de la servitude, et, à défaut de titre, par la possession dont le mode pourra être prouvé par témoins, pourvu que l'on soit d'accord sur l'existence du droit. (Cass., 29 février 1832.) La cour de cassation l'avait déjà précédemment jugé. (9 nov. 1826.)

A défaut de titre et de possession, le droit d'usage, concédé en général et sans détermination, ne s'étend pas à tous les produits de la forêt; il doit être restreint au bois mort ou mort bois pour le chauffage de l'usager, d'après cette maxime : *In obscuris quod minimum est sequimur.*

Mais si le titre porte que le droit de chauffage est concédé à telle maison désignée, ou à tel ou tel établissement; il comportera une prise de bois à brûler, en quantité suffisante pour cuire, durant toute l'année, les aliments de ceux qui habitent la maison, ou pour le chauffage de l'établissement. Le droit concédé à une commune s'étend-il aux maisons non existantes à l'époque de la concession?

La question est douteuse. On dit, d'une part, que l'usage doit être restreint dans les limites naturelles des besoins des usagers. Or, ici ce sont les maisons qui sont usagères plutôt que les habitants de la commune. Il vaut mieux décider que l'usage s'étendra même aux maisons construites depuis; car les concessions d'usage faites aux communes ont toujours eu pour objet la fertilisation du territoire et l'accroissement de la population. Ne serait-ce pas aller contre l'esprit même de la concession, que de restreindre, au profit des maisons qui existaient alors, les effets de ce contrat?

Les droits d'usage sont-ils prescriptibles? Non; car ce sont des servitudes discontinues (688-691 cod. civ.) Les titres seuls peuvent faire cesser la présomption de précaire attachée à la jouissance d'un droit d'usage. (Cass., 17 mai 1820. — 9 nov. 1826.)

L'usager n'a pas non plus l'action possessoire, à moins qu'il ne justifie d'un titre dont le juge de paix pourra se servir pour éclairer la possession qui alors perdrait son caractère précaire.

Le droit de pâturage et de panage ne peut être exercé que pour la partie du bois qui a été déclarée défensable par l'administration forestière (1), et l'exercice de ce droit pourra toujours être réduit eu égard à la possibilité de la forêt (2). En cas de contestation, le conseil de préfecture est compétent. (65-66.)

(1) La défensabilité est la qualité des bois, qui leur permet à raison de l'âge ou ils sont parvenus, de se défendre contre la dent des bestiaux.

(2) On entend par possibilité l'état d'après lequel les forêts peuvent ou non supporter les charges qui les grèvent, sans ruine ou notable dégradation.

L'état peut toujours se libérer de ces droits d'usage par une indemnité en argent, à moins que l'exercice des droits dont il est question ici ne soit d'une absolue nécessité pour une ou plusieurs communes. Le conseil de préfecture est juge de ce cas après enquête préalable, sauf recours au conseil d'état. (64.)

L'usage ne s'étend, en tout cas, qu'aux bestiaux qui servent à l'usager, mais non point à ceux dont il fait commerce.

Quid si l'usage est établi sur la forêt pour l'utilité d'un domaine? L'usage ne sera point borné à la faculté de faire paître les bestiaux immédiatement employés à la culture de fonds dominant, et s'étendra à tous ceux qui sont attachés au fonds, v. g., aux vaches que l'usager tient pour fournir du laitage à sa famille. (Proudhon.)

L'usage aux échalas consiste dans la faculté de prendre dans une forêt les échalas au service d'un vignoble. Ce droit ne peut être étendu à d'autres fonds de vignes.

L'usage au bois de chauffage a une double destination, et par conséquent une double étendue, celle de cuire les aliments et de chauffer ceux qui habitent les maisons usagères.

L'usage au mort bois est un grand diminutif du chauffage indéterminé. Il ne comporte que la faculté de couper dans la forêt les divers menus bois qui sont de la moindre valeur, tels que saux, épines, puines, seur, aulne, genêt, genièvre et non autres, ces bois ne pouvant servir qu'à brûler.

L'usage au bois mort comprend les arbres qui sont secs et morts tout à la fois en cime et en racines, quoiqu'ils soient encore sur pied, et aux branches et brins tombés par caducité et gisants sur le sol. Mais ce droit ne s'étend pas aux arbres abattus par l'impétuosité des vents. (Arr. parl. de Dijon, 7 avr. 1639. — Bouhier, Coquille sur le Nivernais.)

L'usage aux bois pour construire et réparer les maisons s'applique aux arbres futaies, et pour toute la reconstruction ou réparation de la maison usagère dans les pays où les maisons tout entières sont bâties en bois. *Secùs* s'il était d'usage que les parois et les pignons de la maison soient construits en pierre. (123 cod. forest.)

L'usager pourra-t-il conserver pour son chauffage les branchages des arbres futaies?

Nous pensons que, quoiqu'il soit de principe que l'usage doive être restreint plutôt qu'étendu, l'usager pourra user des branchages qui sont ici l'accessoire, et, en général, d'une valeur trop minime pour que le propriétaire de la forêt élève une pareille discussion.

Ne sont maintenus dans les forêts de l'état que les usages fondés en titre. A l'avenir, nul usage ne pourra être établi dans ces forêts.

L'état peut toujours racheter la servitude de coupe de bois par un cantonnement ou attribution en propriété aux usagers, de partie de la forêt soumise au droit d'usage.

Le principe général pour la fixation du cantonnement, qui, en cas de contestation, se règle devant les tribunaux, c'est que le cantonnement doit procurer à l'usager, tant en fonds qu'en superficie, le juste équivalent des produits annuels dont il jouissait. (Nancy, 20 juill. 1829.)

Les règles sur l'aménagement, la délimitation et le bornage des bois communaux, sont les mêmes que celles qui concernent les bois et forêts de l'état. Il en est de même quant aux droits d'usage.

Mais il existe sur les bois communaux un droit d'usage particulier nommé affouage, et qui nécessite quelques développements.

L'affouage est le droit que les habitants d'une commune ont de prendre dans les forêts de leur commune du bois de chauffage et de construction.

Ce n'est point aux habitants réunis que la délivrance

de l'affouage doit être faite, mais bien au maire ou aux délégués qui le représentent.

Le partage des bois d'affouage se fera par feu, c'est-à-dire par chef de famille ou de maison, ayant domicile réel et fixé dans la commune. Ce partage n'est point équitable ; on devrait tenir compte aussi du nombre des individus de chaque famille.

Pour participer à l'affouage, il faut avoir un domicile réel et fixe dans la commune, et non point un pied à terre ou une résidence momentanée. Mais faut-il le domicile d'an et jour? Oui, dira-t-on. Il est de principe que le domicile d'an et jour est requis pour donner des droits aux secours de la commune. (Art. 4, tit. 5, 24 vendémiaire an II.)

Cette opinion se trouve confirmée par les lois du 10 juin 1793, par la constitution de l'an VIII, par la loi du 10 vendémiaire an IV. Nous pensons, contre l'avis de M. Dupin, que ces lois n'ont aucune application à la matière. Le domicile légal dans une commune est acquis par la double déclaration de changement de domicile, faite l'une à la municipalité que l'on quitte, l'autre à celle où l'on veut se fixer. (103-104-74 Cod. civ.) La résidence d'an et jour n'est donc pas nécessaire.

Le mineur et l'interdit qui tiendraient maison à part ont droit à l'affouage ; il en est de même de la femme séparée de corps.

Dans le cas de demeure commune de deux chefs de famille ou de maison, si la nourriture se fait à part, il y a deux feux, et par conséquent deux parts d'affouage à réclamer,

Ceux qui ne paient point de contributions ont néanmoins droit à l'affouage.

L'affouage pour bois de constructions se distribue dans la proportion de l'étendue des bâtiments usagers, sans égard à la résidence où à la non résidence du propriétaire de la maison. Ici, le créancier, c'est le bâtiment comme c'est la forêt qui est le débiteur.

Le droit d'affouage n'arrérage point quant au droit de chauffage. On ne conçoit pas, dit M. Proudhon, comment un homme pourrait avoir besoin de bois pour cuire des aliments déjà consommés ; mais il en est autrement pour le droit de futaies, qui a lieu en contemplation de bâtiments, dont les besoins ne font que s'accroître par le retard apporté à mettre l'édifice en bon état.

Les bois d'affouage peuvent être vendus par les usagers. (112 Cod. forest.) Le préfet prescrit aux maires les mesures nécessaires pour opérer le partage de l'affouage.

Toutes les fois que le fonds du droit d'usage et d'affouage n'est pas contesté, et qu'il s'agit du mode de partage et d'exécution, le conseil de préfecture est compétent. Les tribunaux ordinaires ne connaissent que des contestations qui portent sur le fonds du droit. (Décr. 20 sept. 1809. Cons. 10 août 1825. Aff. Gérard.—22 nov. 1826. Aff. Meunier de Quency. — Cass. 1er décembre 1834, 21 déc. 1836.)

CHAPITRE II.

Rivières non navigables. — Propriété. — Usage. — Réglement d'eau. — Curage. — Pêche. — Compétence.

D. Quelles sont les rivières non navigables !

R. Les rivières non navigables sont toutes celles qui ne peuvent porter ni bateaux, ni trains ou radeaux.

A Qui appartiennent-elles? La question de propriété s'élève entre l'administration et les riverains; les auteurs sont divisés sur cette question, et la jurisprudence ne s'est pas encore prononcée.

Les partisans de la propriété de l'état tirent argument de ce que ces rivières appartenaient aux seigneurs, dont les droits, lors de l'abolition de la féodalité, ont passé à l'état.

Lorsqu'il y a déclaration de navigabilité, il n'est donné d'indemnité que pour la pêche et le chemin de halage; l'art. 563 du code civil porte que dans le cas de changement de lit, même d'une rivière non navigable, l'ancien lit est abandonné à titre d'indemnité; ce que l'état ne pourrait faire s'il n'était pas propriétaire.

Ce système peut être facilement détruit. L'état était propriétaire; mais le code civil a transféré cette propriété aux riverains sous plusieurs conditions : 1° celle de la surveillance et de l'action administratives, 2° celle de l'attribution du lit aux propriétaires des fonds nouvellement occupés. Par là tombe l'objection tirée de l'art 563. Notre système s'appuie de lois nombreuses, et que nous allons seulement citer, de l'art. 538, qui ne comprenant que les rivières navigables dans son énumération, exclut du domaine public les rivières non navigables. Des art. 560 et 561 combinés, des art. 644 et 645 (arg. de ces mots resp ct dû à la propriété), de l'art 2 de la loi du 15 avr. 1829.

Les riverains peuvent se servir des eaux des rivières non navigables pour l'irrigation de leurs propriétés, et en cas de déclaration de navigabilité, on devrait, d'après les principes que nous avons établis, donner une indemnité aux riverains pour la perte du droit d'irrigation. Si le cours d'eau traverse leurs propriétés, ils peuvent en user à la charge de le rendre à la sortie du fonds à son cours naturel (646).

Les contestations sur le mode de jouissance des eaux sont portées devant les tribunaux civils (645), et leurs décisions ne font loi qu'entre les parties du procès.

L'administration n'est point liée par les jugements des tribunaux ; elle peut, soit d'office, soit sur la réclamation des parties intéressées, faire un réglement général de prise d'eau, déclarant la quantité d'eau dont chaque propriétaire pourra jouir, prescrivant la hauteur des déversoirs, l'établissement de vannes et ce réglement sera obligatoire pour les tribunaux.

Les réglements qui concernent un cours d'eau dans son ensemble sont faits par ordonnance royale sur le rapport du ministre de l'intérieur, et sur l'avis des préfets. Ils peuvent être faits par les préfets s'ils n'ont pas ce caractère de généralité.

Les usines dans les cours d'eau non navigables ne peuvent être autorisées que par ordonnance royale. Il en est de même pour la suppression.

L'autorisation de l'administration n'empêche pas l'action en dommages-intérêts des voisins à qui l'établissement et l'exploitation de l'usine pourraient nuire. Il est de principe en effet que nul ne peut inonder l'héritage de son voisin ni lui transmettre volontairement les eaux d'une manière nuisible. (Art. 15, tit. 2, l. 6 octobre 1791). Les dommages-intérêts sont prononcés par les tribunaux qui ne peuvent ordonner la suppression de l'usine.

Lorsqu'il y a des digues établies pour l'utilité des usines ou des fonds riverains, il est pourvu à leurs curage par la contribution des riverains selon les usages ou réglements administratifs, « de manière que la quotité « de la contribution de chaque imposé soit toujours re- « lative au degré d'intérêt qu'il a aux travaux qui doi- « vent s'effectuer.

« Les rôles de répartition des sommes nécessaires au « paiement des travaux d'entretien, réparation ou re- « construction sont dressés sous la surveillance du pré- « fet, rendus exécutoires par lui et le recouvrement s'en

« opère de la même manière que celui des contributions « publiques. (3. 14 floréal an XI.)

« Toutes les contestations relatives au recouvrement « de ces rôles, aux réclamations des individus imposés « et à la confection des travaux sont portées devant le « conseil de préfecture, sauf le recours au roi qui dé- « cide en conseil d'état. »

Les contraventions en matière de cours d'eau non navigables, comme celles en matière de petite voirie, sont de la compétence des tribunaux ordinaires et non point des conseils de préfecture.

D. A qui appartient le droit de pêche?

R. Le droit de pêche appartient aux riverains, à chacun devant son fonds jusqu'au milieu de la rivière, mais ce droit est cessible. (Art. 2, l. 1829.)

Il ne peut être prescrit tant qu'il s'exerce précairement et avec discontinuité; mais si la possession du droit de pêche se manifestait par des faits bien caractéristiques v. g., par des établissements de pêcheries, la prescription pourrait s'opérer (Arg. de l'art. 2 de la loi de 1829.)

Il pourrait même être prescrit par des étrangers, et non point seulement par les propriétaires des fonds supérieurs et inférieurs qui sont dans la même position qu'un étranger par rapport au droit de pêche inhérent à l'autre fonds.

Les faits de pêche concernent des intérêts privés sur lesquels les tribunaux sont appelés à se prononcer; ils peuvent même ordonner la destruction du barrage fait pour prendre le poisson. (23-25).

CHAPITRE III.

Liberté de la personne. — Passeports. — Aliénés. Loi du 30 *juin* 1838.

Tout homme naît libre ; mais la liberté de l'homme social n'est pas la liberté naturelle, c'est la liberté selon les lois. La sûreté publique exige la répression sévère du vagabondage, la mise en arrestation provisoire des gens sans aveu et sans ressources, et la saisie la plus prompte des criminels qui voudraient se soustraire par la fuite à l'action de la justice.

Pour atteindre ce but on a soumis toute personne qui change de lieu à l'obligation de se munir d'un passeport.

Les passeports à l'intérieur sont délivrés par les maires qui, lorsqu'ils ne connaissent pas les personnes qui demandent les passeports, doivent exiger l'attestation de deux personnes connues dont les noms sont désignés dans l'acte.

La feuille du passeport est double. L'une est remise au porteur et constitue le passeport; l'autre qu'on appelle souche reste entre les mains de l'autorité. Le passeport n'est valable que pour un an.

Les passeports contiennent le nom, le domicile, la profession, l'âge et le signalement du porteur, sa signature s'il sait signer, la désignation du lieu d'où il vient, et de celui où il va.

Le voyageur qui veut changer de direction présente son passeport à l'autorité municipale du lieu où il se trouve, qui délivre sans frais son visa.

Tout individu trouvé hors de son arrondissement sans passeport, peut être arrêté jusqu'à ce qu'il justifie de son inscription sur le tableau de la commune de son domicile.

Les passeports à l'étranger sont délivrés par le préfet sur l'avis motivé des maires. L'état de ces passeports est adressé par les préfets au ministre des affaires étrangères. Les préfets doivent apporter la plus grande prudence dans la délivrance de ces passeports, trop souvent réclamés par des banqueroutiers frauduleux, des malveillants, des prévenus de délits ou de crimes.

D. Quel est l'objet de la loi sur les aliénés?

R. La sûreté et la tranquillité publique seraient compromises s'il n'y avait aucune mesure pour s'assurer de la personne des aliénés et des furieux. Mais à côté de l'intérêt de la société se trouve aussi l'intérêt de chaque citoyen de ne pouvoir être victime d'arrestations illégales et arbitraires. La loi du 30 juin 1838 a cherché à concilier ces intérêts opposés.

Chaque département est tenu d'avoir un établissement public, spécialement destiné à recevoir et à soigner les aliénés.

Les parents ou amis de l'aliéné pourront le faire placer dans l'établissement, la demande devra être signée par le demandeur, on y joindra le certificat du médecin et le passeport de la personne à placer.

Les mêmes personnes ont le droit de réclamer la sortie du malade sauf le sursis à cette réclamation si le médecin s'y oppose.

Le placement pourra être ordonné par les préfets dans les départements, par le préfet de police à Paris; s'il y a urgence, les commissaires de police à Paris, les maires dans les autres communes, ordonnent des mesures provisoires à la charge d'en référer au préfet dans les 24 heures.

Un individu en démence ne peut être enfermé sans que les autorités administratives et municipales en soient informées, des visites successives leur sont imposées;

tous les semestres la direction de l'établissement est obligée d'adresser un rapport au préfet sur l'état des personnes retenues par son ordre; l'individu lui-même a le droit d'adresser des requêtes au président du tribunal et des observations au procureur du roi, pour obtenir sa sortie; toute personne placée dans un établissement cessera d'y être retenue, aussitôt que les médecins de l'établissement auront déclaré que la guérison est obtenue. (Analyse de la loi du 30 juin 1838.)

CHAPITRE. IV.

Liberté d'industrie. — Etablissements insalubres. — Mines, minières et carrières, assèchement des mines. — Sociétés anonymes. — Vente de remèdes secrets.

La liberté d'industrie est la conséquence directe et immédiate de la liberté de la personne. Ainsi tout citoyen peut créer toute espèce d'établissements et d'exploitations, pourvu que la loi ne défende pas ce genre d'industrie comme illicite ou immoral, mais certaines exploitations exigent l'action administrative; c'est ainsi, par exemple, que nul établissement insalubre ne peut être formé sans l'autorisation expresse de l'administration.

D. En combien de classes divise-t-on les établissements insalubres? et quelles sont leurs règles spéciales?

R. Ces établissements ont été divisés en trois classes; la première comprend ceux qui doivent nécessairement être éloignés des habitations particulières; la deuxième ceux dont l'éloignement n'est pas indispensable, mais que l'on ne doit permettre qu'après avoir enquis la preuve certaine que les opérations qu'on y pratique seront exécutées de manière à n'être, ni dangereuses, ni incommodes pour les habitations voisines ; la troisième comprend ceux qui peuvent sans dangers rester auprès des habitations ; mais qui doivent être soumis cependant à la surveillance salutaire de la police. (Decr. 15, oct. 1810, art. 1er.)

Pour les établissements de première classe la permission ou le refus ne peuvent résulter que d'une ordonnance royale rendue en conseil d'état après affiches et enquêtes de *commodo et incommodo*, et sur l'avis des préfets et le rapport du ministre de l'intérieur.

S'il y a des oppositions le conseil de préfecture donne son avis sur leur mérite et leur validité, et le conseil d'état peut seul en connaître non pas dans la forme contentieuse, car le conseil de préfecture ne prononce pas un jugement. (Cons., 22 juin 1825.)

Les propriétaires lésés par l'établissement d'ateliers dangereux de première classe, doivent non seulement former opposition devant le conseil de préfecture, mais encore justifier leur opposition par intervention au conseil d'état; ils ne pourraient ensuite former opposition à l'ordonnance du roi en conseil d'état quoiqu'ils ne soient aucunement entendus ou appelés. (19 juillet 1826 — 16 mai 1827.)

Pour les établissements de deuxième classe la demande est adressée au sous-préfet qui la transmet au maire de la commune intéressée en le chargeant de faire faire des enquêtes de *commodo et incommodo*. Le sous-préfet prend ensuite un arrêté et le préfet statue sauf recours au conseil d'état.

Le conseil de préfecture statue sur les oppositions sauf le recours au conseil d'état par la voie contentieuse. Les conseils de préfecture n'ont pouvoir de statuer que lorsque le préfet a préalablement pris un arrêté. (12 janv. 1825 — 6 sept. 1826.)

S'il s'agit d'un établissement de troisième classe, il

faut à Paris la permission du préfet de police, dans les départements des sous-préfets sur l'avis préalable des maires et de la police locale. Les réclamations sont portées au conseil de préfecture qui statue sauf recours au conseil qui est de droit. (Cons., 15 oct. 1810.)

Les dispositions du décret de 1810 peuvent être sévèrement critiquées. L'opposition dirigée contre les établissements de deuxième et troisième classe est jugée en conseil de préfecture, sauf recours dans la voie contentieuse, en pleine connaissance de cause. Au contraire l'opposition dirigée contre les établissements de première classe, les plus dommageables de leur nature, et les plus dangereux, n'est appréciée que par des voies administratives qui ne présentent pas aux intéressés les garanties suffisantes.

On peut répondre à toutes ces objections : 1o que c'est le haut pouvoir administratif qui donne l'autorisation. 2o qu'elle est précédée d'enquêtes solennelles et connues de tous, et que c'est par leur faute et leur négligence que ces intéressés n'ont pas fait connaître leurs réclamations, tandis que pour les établissements de deuxième et troisième classe le préfet seul ou le sous-préfet a donné l'autorisation, sans enquêtes aussi publiques aussi manifestes que pour un établissement de première classe. De là vient la nécessité de donner le droit de revenir par opposition contre les décisions qui préjudicient aux propriétaires voisins, droit qui leur est refusé quand ils ont pendant toutes les lenteurs d'une instruction administrative, été mis en demeure de faire connaître leurs réclamations.

Des autorisations sont aussi exigées pour l'exploitation des mines, nous allons analyser l'importante loi du 21 avril 1810.

D. Comment sont classées les masses minérales ? Qu'est-ce qu'une mine; une minière, une carrière ?

R. Les masses minérales renfermées dans le sein de la

terre, sont classées sous les trois qualifications de mines, minières et carrières. Seront considérées comme mines celles connues pour contenir des métaux, de la houille, etc. etc. Les minières comprennent les minérais de fer, les terres pyriteuses, les terres alumineuses. Les carrières renferment les ardoises, pierres à bâtir et autres.

S'agit-il de l'exploitation des carrières, elle est laissée au propriétaire naturel, au propriétaire du sol. (18 L. 21 avril 1810.)

Quand elle a lieu à ciel ouvert, il n'a pas même besoin de permission, sauf la simple surveillance de la police. Elle est soumise à la surveillance de la haute administration quand elle a lieu par galeries souterraines. (81 et 82.) Nul ne peut forcer le propriétaire à faire l'exploitation.

Quant aux minières l'exploitation en est reconnue nécessaire pour les besoins toujours croissants de l'industrie. La préférence est accordée au propriétaire du sol, et il peut exploiter par la simple déclaration de son intention faite à l'autorité. (59.) S'il refuse, les maîtres de forges intéressés directement à l'extraction du minérai de fer, peuvent obtenir la permission d'exploiter en son lieu et place ; mais comme le propriétaire du sol est aussi propriétaire du dessous, il doit être indemnisé non-seulement des dommages soufferts par le fait de l'exploitation, mais encore de la valeur du minérai extrait. (71-72-70-66.) Distraction faite des frais d'exploitation. (66.)

Pour les tourbières on ne va pas aussi loin; les tourbes ne peuvent être exploitées que par le propriétaire du terrain, ou de son consentement. Pour exploiter, le propriétaire devra faire une déclaration à la sous-préfecture de l'arrondissement. (83 — 84.) Un plan sera donné aux propriétaires, de manière à assurer l'écoulement des eaux et le désséchement du terrain tourbeux. (85.)

Les mines ne sont confiées qu'à des concessionnaires expérimentés et possesseurs de capitaux capables de faire face à toutes les dépenses indispensables pour le succès de l'exploitation. La loi a décidé que malgré les droits primitifs et sacrés du propriétaire de la surface, le gouvernement aurait à apprécier les motifs d'après lesquels la concession serait accordée. Le demandeur en concession doit justifier des facultés nécessaires pour entreprendre et conduire les travaux, et des moyens de satisfaire aux redevances, charges et indemnités qui lui seront imposées par l'acte de concession. (16—14.) Et en premier lieu, l'indemnité due au propriétaire du sol, pour le produit de la mine. (42 —6.) en second lieu la redevance due à l'état et qui est de dix francs par kilomètre carré. (33—34.)

L'acte de concession sera délibéré en conseil d'état. (5.) Le droit de concession de la mine devient une propriété immobilière détachée de la propriété du sol transmissible et disponible; elle est susceptible d'hypothèque, néanmoins si l'exploitation compromet la sûreté publique et la solidité des habitations de la surface, il y est pourvu par le préfet ainsi qu'il est pratiqué en matière de grande voirie. Cet arrêté donne-t-il au concessionnaire le droit de demander une indemnité aux propriétaires de la surface qui, en pratiquant des constructions ou des fouilles, ont donné lieu à l'arrêté préfectoral. Nous ne le pensons pas, la concession d'une mine n'a pas pour objet de détruire le droit du propriétaire de la surface, d'élever des constructions, de pratiquer des fouilles, des caves, qui lui sont devenues nécessaires, car la propriété du dessus emporte aussi la propriété du dessous. L'arrrêté du préfet auquel les propriétaires de la surface ne peuvent renoncer, et qu'ils ne peuvent modifier, est un acte qui leur est étranger, et qui ne saurait leur imposer aucune obligation. Décider autrement serait frapper de paralysie tous les propriétaires de la surface qui ne pourraient plus, après la concession de mines, tirer parti de leur fonds, dans la limite de leurs droits, sans s'exposer au paiement d'une forte indemnité.

Il en serait de même dans le cas de l'établissement d'un chemin aux frais de l'état ou d'une société particulière. Les travaux que nécessiterait la création du chemin pourraient provoquer un arrêté du préfet restreignant l'étendue de la concession de mines, et les propriétaires du chemin ne devraient aucune indemnité aux concessionnaires. (Cour royale de Lyon, 12 août 1835 — de Dijon, 21 mai 1838.) Peu importe que la création du chemin soit postérieure; les entrepreneurs, subrogés aux droits des propriétaires de la surface, par l'acquisition des terrains nécessaires à la confection de la route, ont pu faire tous les travaux utiles, et même percer des montagnes, ouvrir des voûtes souterraines, sans dépasser la limite de leur pouvoir. Que le préfet intervienne et rende un arrêté pour la sûreté du chemin et des voyageurs, arrêté qu'il eût peut-être rendu de même si, au lieu du chemin, des habitations eussent été construites; point d'indemnité puisqu'il n'y a eu que l'exercice d'un droit. (Voy. cep. arr. cass., 18 juillet 1837.)

Si le préfet ne prend pas d'arrêté pour restreindre une exploitation dangereuse et que des accidents viennent à être occasionnés, le mineur doit indemnité (1382), car il doit respecter la propriété de la surface, et même il est astreint à donner d'avance caution de payer toute indemnité en cas d'accident. (Art. 15.)

Les tribunaux ordinaires sont compétents pour régler cette indemnité.

Quelles distinctions fait-on dans l'évaluation de l'indemnité pour dommages résultant des travaux?

Lorsque les travaux établis par les concessionnaires entraînent un dommage dont l'effet ne se fait pas sentir pendant plus d'une année, ils ne doivent qu'une indemnité qui doit être réglée par les tribunaux au double de la valeur du dommage souffert.

Si le dommage se fait sentir pendant plus d'une année, ou si le terrain a été rendu impropre à la culture, le propriétaire du sol peut contraindre le concessionnaire à en faire l'acquisition, l'estimation doit se faire au double de la valeur que le terrain avait avant l'exploitation de la mine, à cause de la plus value résultant de la découverte d'une mine productrice.

D. Quest-ce que la loi sur les assèchements des mines?

R. La loi sur les assèchements des mines est le complément de la loi de 1810. Cette loi du 27 avril 1838 est intervenue à l'occasion d'un fait particulier d'inondation qui s'était manifésté dans le riche bassin houiller de Rive-de-Gier.

Le danger commun doit appeler une résistance commune, il ne saurait être permis à l'un des concessionnaires, d'entraver par son mauvais vouloir et par l'apathie de l'égoïsme, les intérêts de tous. Le gouvernement pourra donc forcer les concessionnaires d'exécuter en commun les travaux nécessaires d'assèchement, l'application; de cette mesure sera précédée d'une enquête administrative dont les formes seront déterminées par un réglement d'administration publique, et qui a pour objet de constater la situation des mines déjà inondées et de celles qui paraissent menacées d'une inondation prochaine. (Art. 1er.)

Le ministre détermine quels seront les concessionnaires qui contribueront aux travaux. Le recours est porté au roi qui prononce en conseil d'état. Ce recours n'est pas suspensif. Assemblée générale des concessionnaires sera convoquée qui nommera des syndics. Ordonnance royale interviendra qui fera la répartition entre les concessionnaires intéressés, et le ministre arrête le mode d'exécution des travaux. (2—3.)

Les réclamations des concessionnaires seront jugées

par le conseil de préfecture,sur mémoire des réclamants, le recours soit au conseil de préfecture, soit au conseil d'état ne sera pas suspensif. (Art. 5.)

C'est dans l'art. 6 que se trouve la véritable sanction de la loi. Il fallait donner à l'administration le moyen de vaincre des résistances opiniâtres et persévérantes. Le ministre peut prononcer le retrait de la concession sur le refus dûment constaté du concessionnaire de contribuer à sa cote part dans le service des travaux; le recours au conseil d'état est suspensif parce qu'il s'agit d'une question de déchéance et d'un effet irréparable.

Après le recours épuisé, il est procédé par voie administrative à l'adjudication de la mine abandonnée. L'administration rédige le cahier des charges, elle n'admet à concourir que ceux qui justifient de la capacité nécessaire pour exercer les travaux; le concessionnaire déchu profite du prix d'adjudication, déduction faite des frais avancés par l'état et des taxes qu'il est tenu de payer.

Le concessionnaire est autorisé à arrêter jusqu'au jour fixé pour l'adjudication tous les effets de la dépossession en remboursant ce qu'il doit sur le prix des travaux faits et en consignant la somme qui sera jugée nécessaire pour les travaux à venir.

S'il ne se présente aucun adjudicataire, la mine revient au domaine libre, de toutes charges et hypothèques. Cette disposition est la conséquence des principes exposés dans l'art. 2135 du code civil, seulement on a trouvé équitable de permettre au concessionaire de reprendre l'atirail d'exploitation en remboursant les taxes à sa charge, ce qu'il fera rarement, car s'il avait voulu les payer il serait resté propriétaire de la mine. (Art. 6.)

D. Pourquoi exige-t on que toute société anonyme soit autorisée?

R. Les sociétés anonymes ne présentant pas d'associés responsables et solidaires, assurent moins de garantie aux sociétaires. On a vu souvent d'adroits industriels, supposant l'exploitation future d'une mine qui n'avait d'existence que dans leur ingénieux cerveau, ou bien l'application d'un nouveau procédé annoncé dans de pompeux prospectus, spéculer sur l'ignorance et la bonne foi des bailleurs de fonds éloignés ou crédules, et s'approprier les capitaux confiés à leur probité. C'est pour remédier à ces abus que toute société anonyme devra être formellement autorisée par l'administration, qui examinera si le but de la société est licite, réel; si les capitaux annoncés existent réellement dans la caisse sociale, et s'ils sont proportionnés aux exigences de l'entreprise.

Les individus qui veulent former une société anonyme adressent au préfet de leur département la pétition que le préfet transmet, avec son avis motivé et précédé d'une enquête consciencieuse, au ministre de l'intérieur, et sur le rapport du ministre intervient l'ordonnance royale.

D. Serait-il bon d'exiger la même autorisation pour les sociétés en commandite?

R. Ce n'était point couper court à toutes les fraudes que d'exiger l'autorisation seulement pour les sociétés anonymes. Les mêmes raisons s'appliquent à la société commanditaire. Elle est composée en partie, sans doute, d'associés responsables; mais la fraude est si difficile à découvrir; mais on saura s'envelopper de tant de ruses, de tant d'hypocrisie, que cette responsabilité sera illusoire. Les associés solidaires feront sonner bien haut la liberté de l'industrie, leur désir d'inventer et d'étendre les branches de commerce, le malheur qui souvent s'attache aux plus belles entreprises; et, sous de faux prétextes de candeur et de probité, ils déguiseront leurs fautes, séduiront la conscience des magistrats, et échapperont à la vindicte des lois. Aussi fut-il proposé aux chambres d'étendre à la société commanditaire la nécessité de l'autorisation. Mais on écarta ce projet, et on eut raison. Pour éviter l'abus de la liberté, qu'on ne nous donne pas l'esclavage ; le remède serait pire que le mal. Frappez, et frappez fort sur les coupables ; mais ne tuez pas le commerce en multipliant les entraves ; favorisez les transactions sans encourager la fraude.

D. Peut-on vendre des remèdes secrets?

R. La vente des remèdes secrets ne peut avoir lieu ni par l'inventeur, ni même par un pharmacien. Mais si la découverte est utile, il ne faut point l'étouffer dans son germe et l'empêcher de se produire au jour. Tel est l'objet du décret impérial du 18 août 1810.

Les inventeurs de remèdes secrets en remettent la recette au ministre de l'intérieur, qui la communique à une commission composée de cinq personnes, dont trois seront prises parmi les professeurs de l'école de médecine. Si l'avis de la commission est favorable, on achètera le secret de l'inventeur. Le traité fait avec l'inventeur sera homologué en conseil d'état, et le secret sera publié.

Nulle permission de vendre ne peut être donnée à ceux qui ne veulent pas faire connaître leur secret à la commission. Mais si le gouvernement ne veut pas acheter le secret, et qu'il ait été jugé utile par la commission, l'inventeur peut être autorisé à le vendre.,(8, 2 3, 7.)

Nul pharmacien ne peut vendre des remèdes, ni faire aucune société avec les inventeurs de remèdes secrets, à l'effet de les vendre. Cette société est nulle, comme étant illicite et contraire à la loi, et elle ne peut produire aucun droit en faveur de l'inventeur, qui ne peut jamais vendre que par une autorisation expresse donnée sur l'avis de la commission,

L'inventeur peut appeler de l'avis de la commission, et faire procéder de rechef à la vérification du remède par une nouvelle commission que le ministre de l'intérieur composera d'autres membres que la première.

Si la seconde commission était composée d'un ou de plusieurs membres qui faisaient partie de la première, la décision de cette commission est nulle, et l'inventeur du secret peut de nouveau demander la vérification du remède ; car il est de principe que l'appel ne doit pas être porté devant les mêmes juges. Il y a trop de chances pour qu'ils persistent dans leur premier jugement.

CHAPITRE V.

Brevet d'invention. — D'importation. — De perfectionnement.

Toute idée nouvelle qui peut être utile à la société appartient à son inventeur ; c'est le droit légitime de la pensée.

Cette jouissance exclusive que la loi garantit s'accorde par la remise d'un brevet.

D. Combien y a-t-il de sortes de brevets?

R. On distingue les brevets d'invention, les brevets d'importation, les brevets de perfectionnement.

Le brevet d'invention n'est autre chose que l'acte donné à un citoyen de la déclaration qu'il fait d'avoir inventé telle machine, tel procédé. La loi n'entend garantir en aucune manière ni la priorité, ni le mérite, ni le succès d'une invention. (L. 7 janv. 1791, art. 3.)

Cette facilité d'accorder des brevets d'invention est, à notre avis, un grand abus. Les ignorants, et c'est le grand nombre, conçoivent une haute opinion d'une invention pour laquelle un brevet a été donné ; ils voient, dans cet acte émané de l'autorité supérieure, la garantie du mérite du procédé. La loi les prévient, il est vrai, contre cette erreur ; mais tout le monde ne lit pas la loi.

Le brevet d'importation est donné à quiconque apporte

le premier en France une découverte étrangère ; il jouit des mêmes avantages que s'il en était l'inventeur. (Art. 3.) Ces principes sont favorables au développement de l'industrie en France.

Le brevet de perfectionnement s'accorde à celui qui a perfectionné une invention déjà brevetée, mais seulement pour l'exercice privatif dudit moyen de perfection, sans qu'il lui soit permis, sous aucun prétexte, d'exécuter ou de faire exécuter l'invention principale, et réciproquement, sans que l'inventeur puisse faire exécuter par lui-même le nouveau moyen de perfection. (Art. 8, tit. 2, l. 25 mai 1791. — Cass., 2 mai 1822.)

Les droits conférés aux brevetés, sont ceux de fabriquer et de vendre, à l'exclusion de tous autres, les objets provenant de l'invention brevetée. Ce privilége constitue une propriété mobilière transmissible à titre gratuit ou onéreux, soit par donation, testament ou acte de vente, en tout ou en partie.

Cette cession doit être entourée de formalités, afin d'éviter que la même chose soit cédée successivement à deux personnes différentes. Pour qu'elle soit opposable aux tiers, la cession doit être faite par acte notarié, revêtu des formalités ordinaires, et en outre enregistré, à peine de nullité, aux secrétariats des préfectures des départements du cédant et du cessionnaire. Il en est donné avis au ministre de l'intérieur, lequel en instruit tous les autres préfets par l'insertion au *Bulletin des Lois*.

Le défaut des formalités prescrites au ministre ne pourrait être, en aucune manière, imputé aux parties qui ont satisfait à la loi autant qu'il était en elles, en veillant à ce que l'enregistrement fût fait au secrétariat de la préfecture.

De plus, toutes ces formalités sont prescrites à l'égard des tiers, et leur inobservation ne pourrait être opposée par le cédant au cessionnaire. (Cass., 20 nov. 1822.)

Le propriétaire d'un brevet qui est troublé dans l'exerice de son droit primitif, a la faculté de se pourvoir dans es formes ordinaires, devant le tribunal correctionnel u domicile du contrefacteur (20 l. 25 mars 1838), pour e faire condamner à la confiscation des objets contrefaits, au paiement des dommages-intérêts et à une amende au profit des pauvres.

Celui qui veut requérir un brevet, verse à la caisse du receveur-général 300 fr., 800 fr. ou 1,500 fr., suivant qu'il s'agit d'un brevet pour cinq, dix ou quinze ans; 50 fr. pour frais d'expédition du brevet. Ensuite il dépose au secrétariat de la préfecture : 1o les quittances du receveur; 2o la déclaration; 3o un paquet cacheté, contenant le mémoire descriptif et détaillé des moyens qu'il emploie. Ces pièces sont expédiées au ministre du commerce par le préfet.

Les brevets sont définitivement proclamés par une ordonnance royale insérée au *Bulletin des Lois*.

Au-delà de quinze ans, il ne peut être accordé de prolongation que pour des cas très-rares. Faut-il en référer au corps législatif, aux chambres ? Non, dit-on, la constitution de l'an VIII et la Charte ont abrogé, sur ce point, la loi de 1791. (Cass., 5 mars 1822.) Nous pensons que des lois générales ne sauraient déroger à des lois spéciales, et qu'ainsi les chambres sont seules compétentes.

Le ministère, saisi d'une demande en prolongation de délai au-delà de quinze ans, doit-il nécessairement la soumettre aux chambres? Aucune loi ne contraint le ministre; c'est une faveur de sa part qu'il peut refuser sans s'exposer à aucune attaque. Telle est la jurisprudence du conseil d'état. (30 déc. 1822.)

Une fois le délai du brevet expiré, l'invention tombe dans le domaine public; on ne peut plus poursuivre la contrefaçon.

Le brevet de perfectionnement ne commencera à compter, pour le breveté, que du jour où cesseront les effets du brevet d'invention, puisqu'avant ce jour, nul, pas même l'auteur du perfectionnement, ne pouvait exercer l'invention principale. A l'expiration du délai, le brevet de perfectionnement aura toute sa force, et l'inventeur lui-même ne pourra, pendant tout le temps de ce dernier brevet, exercer le perfectionnement, en même temps que l'invention dont il est l'auteur.

S'il y a eu prolongation du délai du brevet d'invention, le brevet de perfectionnement s'exercera-t-il sur l'invention avant que le nouveau délai soit expiré? Nous le pensons. On ne peut opposer au second breveté que le terme primitivement fixé. C'est ainsi que l'a jugé la cour de Paris. (10 oct. 1832.)

D. Quelles sont les causes de déchéance d'un brevet?

R. Il y a plusieurs causes de déchéance d'un brevet : 1o si l'industrie est contraire aux lois ou aux bonnes mœurs; 2o si le breveté n'est pas l'inventeur; 3o si le breveté est resté pendant deux ans dans l'inaction; 4o s'il est convaincu d'avoir pris un brevet en pays étranger pour la même industrie; 5o lorsqu'il y a défaut de paiement de la taxe dans les délais prescrits; 6o lorsque l'inventeur n'aura pas décrit les véritables moyens d'exécution, ou qu'il en emploie de nouveaux qu'il n'a pas fait ajouter à sa description.

Tous les intéressés peuvent invoquer ces causes de déchéance lorsqu'on leur oppose l'existence d'un brevet, à l'exception pourtant de la déchéance qui résulte de ce que l'industrie est contraire aux lois ou aux bonnes mœurs. Le ministère public seul pourra attaquer le breveté. (Trib. de comm., Paris, 4, 25 déc. 1832.)

Quant aux autres moyens de déchéance, ils sont fondés sur l'intérêt privé qui peut toujours les faire valoir par voie d'exception.

Lorsque les tiers agissent par voie d'action pour faire tomber le brevet, ils se placent dans les règles du droit commun, et ne peuvent invoquer, à l'appui de ce qu'ils avancent, la preuve testimoniale ; il en est autrement de celui qui invoque la déchéance par voie d'exception. (L. 25 mars 1791.) (1)

C'était une grande question de savoir laquelle, de l'autorité judiciaire ou de l'autorité administrative, était compétente pour prononcer la déchéance d'un brevet pour l'autorité administrative. Il y avait quelques arrêts. (Paris, 26 nov. 1821.) Pour l'autorité judiciaire, des arrêts plus nombreux. (Cass., 21 avr. 1824.—Grenoble, 13 juin 1830.) Une instruction ministérielle du 1er juillet 1817 admettait un système de transaction. L'art. 20, l. 25 mai 1838, a tranché la question en faveur des tribunaux ordinaires; et, en effet, l'ordonnance du brevet n'est pas acte administratif. L'administration ne prend rien sur elle; elle donne acte de la demande, le reste est aux risques et périls du breveté.

CHAPITRE VI.

Propriété des noms. — Compétence. — Changement des noms. — Compétence administrative.

D. Qu'est-ce que la propriété des noms?

R. La propriété la plus personnelle, c'est la propriété des noms; leur fixité importe à l'ordre public et aux intérêts bien entendus de la société. C'est l'héritage le plus sacré que le père transmet au fils pour que celui-ci le transmette à son tour, pur et sans tache, et même ennobli encore à des descendants qui en soutiendront l'éclat.

(1) L'article 11, titre 2 de cette loi prescrit au juge d'entendre les parties et leurs témoins, et d'ordonner les vérifications nécessaires. Il autorise par là le défendeur à prouver par témoins qu'il n'a pas troublé le breveté dans l'exercice d'un droit privatif, (Cass. 18 déc. 1808 — 19 mars 1811 — Paris, 1833.) Néanmoins le demandeur pourrait prouver par témoins la cause de la déchéance, s'il n'a pu se procurer une preuve écrite.

Il y a dans les souvenirs de famille, dans le culte pieux de la mémoire de nos ancêtres, quelque chose de saint et de grand. Là se réunissent comme dans un faisceau et les gloires du passé et les garanties de l'avenir.

Toutes les contestations relatives à la propriété des noms sont, comme toutes celles relatives à la propriété, de la compétence exclusive des tribunaux ordinaires.

Les tribunaux sont aussi compétents pour ordonner un changement de noms qui se rattache aux questions d'état, ou lorsqu'il s'agit de rectifier les erreurs commises dans les énonciations des actes de l'état civil.

Le changement de noms, dans tout autre cas, ne peut être autorisé qu'autant que la demande motivée en a été faite au gouvernement, qui prononce dans la forme prescrite pour les réglements d'administration publique.

L'appréciation des motifs sur lesquels est fondée la demande en changement de noms est abandonnée à l'arbitrage du gouvernement, dont la décision est inattaquable, et ne peut être annulée devant le conseil d'état en matière contentieuse. (9 janv. 1832.)

L'ordonnance d'autorisation de changement de noms doit être rendue publique par l'insertion au *Bulletin des Lois*. et l'effet reste en suspens pendant une année, du jour de l'insertion au Bulletin.

Peuvent former opposition ceux dont on veut prendre les noms quand même il y aurait eu opposition avant l'ornance. (Ord. 21 août 1816.)

Les oppositions à l'ordonnance sont portées devant le comité du contentieux, et, s'il y a lieu, l'ordonnance d'autorisation est révoquée par une nouvelle ordonnance.

S'il n'a pas été élevé d'opposition dans l'année, l'ordonnance est irrévocablo.

CHAPITRE VII.

Contributions directes. — Foncière. — Personnelle et mobilière. — Portes et fenêtres. — Patentes. — Contentieux. — Contributions indirectes. — Boissons. — Douanes contentieux.

Le gouvernement veille à la sûreté de nos personnes et de nos biens. Pour prix de cette protection, nous devons concourir, aux charges de l'état. C'est le principe de l'impôt.

D. Combien y a-t-il d'espèces d'impôt ? Qu'est-ce que les contributions directes et les contributions indirectes ?

R. L'impôt consiste en contributions directes et en contributions indirectes. Les contributions directes sont celles qui se perçoivent annuellement en vertu de rôles nominatifs, et en frappant directement les personnes et les propriétés. Elles sont de quatre espèces, savoir : la contribution foncière ; la contribution personnelle et mobilière ; la contribution des portes et fenêtres ; la contribution des patentes.

Les contributions directes, relativement à leur assiette, sont distinguées en impôts de quotité et impôts de répartition.

L'impôt de quotité s'assied sur chaque contribuable isolément, d'après un tarif qui détermine le montant particulier de chaque cote, tel que celui des patentes.

L'impôt de répartition, consiste en une somme totale fixée d'avance par un mandement, et qui se répartit de degrés en degrés entre les départements, les arrondissements, les communes et les contribuables.

Dans l'impôt de quotité, le montant de l'imposition est fixe ; mais le produit est éventuel.

Dans l'impôt de répartition le produit est assuré, mais la proportion est incertaine.

Les impôts ne peuvent être votés que par une loi ; ils ne sont conservés que pour un an lorsqu'il s'agit de contributions directes.

La contribution foncière est établie par proportion sur toutes les propriétés foncières bâties ou non bâties, à raison de leur revenu net imposable, déduction faite des frais de culture, semences, récoltes, entretien et exploitation.

On comprend donc que le taux de la contribution variera suivant la plus ou moins grande valeur des fonds de terre ou des bâtiments ; ainsi, l s fonds de terre du département des Landes, paieront moins en proportion que tout autre fonds de terre dans un autre département. Ainsi, en Corse, les bâtiments seront moins imposés que dans les autres départements français. Ainsi, dans les départements les plus populeux, tels que ceux de la Seine, du Rhône, de la Gironde, et où l'on pourra tirer un plus grand parti de la location des maisons, les impositions seront proportionnellement plus considérables. Il en sera de même pour les fonds de terre dans les départements les plus fertiles (3).

Le caractère distinctif de la contribution foncière est de frapper l'immeuble et non pas la personne.

Ainsi, c'est celui qui aura la jouissance utile du domaine à titre non précaire, qui devra acquitter les contributions foncières, v. g. Le preneur emphytéotique, l'usufruitier.

(1) Les opérations cadastrales ont pour objet d'évaluer les revenus imposables des propriétés comprises dans chaque commune. Ces opérations sont de trois sortes : 1. la classification qui consiste à déterminer en combien de classes générales seront divisés les biens fonds d'une commune; 2. le classement qui consiste à ranger dans ces classes, reconnues et déterminées, chaque propriété particulière ; 3. l'évaluation. Les deux premières opérations sont donc tout-à-fait préliminaires.

Mais ceux qui détiennent à titre précaire, le fermier, le colon, ne devront pas la contribution foncière.

Dans l'intérêt de l'embellissement des villes, les édifices nouvellement construits ou reconstruits, ne sont soumis à la contribution foncière, que la troisième année après leur construction ou reconstruction.

La contribution personnelle et mobilière, pèse sur chaque habitant français, et sur chaque étranger de tout sexe, jouissant de ses droits et non réputé indigent et domicilié dans la commune depuis un an.

La contribution personnelle est égale pour chaque contribuable, elle est formée de trois journées de travail, dont le prix est fixé sur la proposition du préfet, par le conseil général qui ne peut le fixer au-dessous de 50 centimes, ni au-dessus de 1 fr. 50 centimes.

La contribution mobilière varie suivant la valeur du loyer et des meubles qui garnissent les appartements servant à l'habitation personnelle.

Les individus qui n'occupent que des appartements garnis, ne sont assujettis qu'à raison de la valeur locative de leur logement.

Les administrateurs, ecclésiastiques, employés civils et militaires, logés gratuitement dans des bâtiments qui appartiennent aux hospices, fabriques ou à l'Etat, sont imposés d'après la valeur locative de la partie de ces bâtiments, concédée pour leur habitation personnelle, évaluée par comparaison avec le loyer connu des autres habitants.

En cas de déménagement du contribuable hors du ressort de la perception, la contribution personnelle et mobilière est exigible pour la totalité de l'année courante. Les propriétaires ou locataires principaux sont tenus sous leur responsabilité personnelle de donner un mois à l'avance avis du déménagement au percepteur.

Si le déménagement est furtif, ils doivent, pour se décharger de toute responsabilité, faire constater dans les trois jour ce déménagement par le maire, le juge de paix ou le commissaire de police.

On ne peut être taxé à la contribution mobilière qu'au lieu de sa principale habitation qui est réputée être là où le loyer est le plus élevé (Cons. 10 janvier 1827).

Pour être soumis à la taxe personnelle et mobilière, il faut avoir l'année de domicile dans la commune; mais pour éviter les fraudes, on a décidé que si après avoir habité la commune plus de six mois, on la quitte dans le cours de l'année, on sera valablement compris sur les rôles de la commune pour l'année entière.

Les officiers qui changent à chaque instant de résidence avec leurs bataillons, tous ceux enfin qui se trouvent en activité de service ne sont point soumis à la contribution mobilière (Cons. 9 nov. 1834). Il en est de même d'un individu qui serait momentanément de passage dans une ville et logé dans un hôtel garni. (Cons. 24 décembre 1834.)

La contribution des portes et fenêtres est établie sur les portes et fenêtres donnant sur les rues, cours et jardins des maisons, bâtiments, usines, magasins, hangards, boutiques et salles de spectacle, sur les portes cochères et celles des magasins de marchands en gros et courtiers (l. 4 frimaire an VI, at. 2, 5).

Sont exceptées de la contribution les portes et fenêtres des étables, bergeries, caves et autres lieux qui ne servent pas à l'habitation des hommes (cons. 25 octobre 1833); les portes placées dans l'intérieur de l'escalier et des appartements. (Cons. 18 oct. 1832). Les portes et fenêtres des bâtiments servant à un usage public.

Le propriétaire réclame à chaque locataire la taxe des portes et fenêtres.

D. Qu'est-ce que l'impôt des patentes?

R. La contribution des patentes est le prix annuel

que l'individu qui veut exercer certaines professions paie au gouvernement (1).

Les patentes sont prises dans les trois premiers mois de l'année et pour l'année entière. Celui qui commence dans le courant de l'année un négoce ou une industrie soumis à la patente, la paie au prorata de la patente annuelle comparée à ce qui reste à courir, mais à partir du trimestre pendant lequel il s'est établi.

Les patentes sont personnelles et ne peuvent servir à d'autres personnes qu'à celles qui les ont obtenues.

Nul commerçant ne peut former de demande ni fournir aucune exception en justice sans justifier de sa patente (L. frimaire an VII).

Il a même été jugé que le commis d'une maison de commerce qui fait donner assignation pour un objet relatif au commerce de sa maison ne peut se dispenser d'énoncer une patente (Cass. 22 juillet 1807; art. 37, L. brumaire an VII).

Les contraventions aux lois sur les patentes sont de la compétence des juges de paix.

L'administration accorde des remises ou modérations pour des pertes considérables ou dommages extraordinaires, dans le cas de grêle, inondations, etc., etc. L'administration accorde des décharges pour erreur de cotisation et de calcul, et dans tous les cas où l'on exige trop du contribuable, soit en ne l'exemptant pas de l'impôt dans les cas prévus par la loi, soit en mettant à sa charge la contribution pour des propriétés qui appartiennent à autrui.

(1) Les droits de patente se divisent en droits fixes et en droits proportionnels. Le droit fixe frappe sur sept classes distinctes de redevables dont les rangs sont déterminés par la nature des professions et la population des communes; le droit proportionnel représente le dixième de la valeur des loyers des bâtiments consacrés à l'habitation et même à l'exploitation commerciale, pour les cinq premières classes.

Les contribuables, qui réclament contre la taxe doivent adresser, dans les trois mois de l'émission du rôle, leur demande au préfet ou sous-préfet, en y joignant, toutefois, la quittance des termes échus de leur cotisation. Il est statué en conseil de préfecture sur l'avis du directeur des contributions, et sauf recours au conseil d'état.

Les conseils de préfecture sont compétents pour juger les contestations entre les agents des contributions directes et les particuliers relativement aux réclamations contre la légalité de l'imposition, ou la quotité de cette imposition, ou sur le montant des à-comptes payés. Le recours est ouvert au conseil d'état.

Les préfets statuent seuls sur les demandes en remises et modérations (cons. 21 mars 1834 et autres arrêts).

En matière de contributions directes, les tribunaux sont compétents pour prononcer sur toutes les questions relatives à la nullité et à l'illégalité des poursuites et des contraintes exercées à l'égard des contribuables, depuis le commandement de payer jusqu'au dernier degré des poursuites. (Ord. 15 mars 1826 et 25 février 1828) (1).

D. Qu'est-ce que les contributions indirectes?

R. Les contributions indirectes sont celles qui s'adressent à la marchandise et non à la personne, et dont le montant varie suivant la consommation.

(1) Ces poursuites sont exécutées par des garnisaires ou porteurs de contraintes; la première partie des poursuites est toute administrative et spéciale. C'est: 1. une sommation sans frais; 2. l'envoi d'une garnison collective ou individuelle, suivant qu'il y a un ou plusieurs contribuables qui refusent de payer. C'est le conseil de préfecture, qui connaît de ces poursuites. La deuxième partie des poursuites est judiciaire: 1. commandement, 2. saisie, 3. vente et expropriation. Les Tribunaux ordinaires, sont compétents pour en connaître. Les contraintes sont donc des espèces de jugements sans frais, qui emportent hypothèque, et que l'on peut exécuter par voie de saisie mobilière ou immobilière, et même par voie de contrainte par corps quand elle est prononcée par la loi.

L'impôt sur les boissons est le plus important de tous ceux qui sont perçus par l'administration ; c'est aussi celui qui a été soumis aux plus vives attaques. Il est établi sur les vins, les eaux-de-vie, les boissons alcooliques et spiritueuses, la bière et en général toutes les liqueurs fermentées.

On distingue les droits de fabrication, de circulation, d'entrée, de détail, de consommation.

Les droits de fabrication sont perçus sur les bières et boissons fermentées. Le droit de circulation frappe les vins, cidres, à chaque enlèvement ou déplacement constaté par un acte d'expédition (1). Le droit d'entrée frappe toute boisson qui doit être consommée dans la localité ; si la boisson ne doit pas être consommée dans le lieu même, on peut, soit au moyen du passe-de-bout ou du transit ou de l'entrepôt (2), s'exempter de payer les droits ou bien se les faire rembourser à la sortie, ou être admis à donner une caution qui sera déchargée lorsque la vérification, faite à la sortie, établira qu'aucun enlèvement de liquide n'a été commis.

D. Qu'est-ce que le droit perçu au débit des boissons?

R. Le droit perçu au débit des boissons, au-dessous de l'hectolitre, est de dix pour cent du prix de la vente (l. 12 déc. 1830).

On considère comme débitants non-seulement les cabaretiers, aubergistes ; mais tous les individus donnant à manger au jour, au mois et à l'année.

(1) Cet acte d'expédition, s'appelle congé lorsque le prix a été payé passavant ou acquit à caution, lorsque la boisson est dispensée du droit de circulation, soit à l'intérieur, soit à l'étranger.

(2) Le passe-debout est la déclaration que fait le conducteur que dans les vingt-quatre heures, les boissons sortiront de la ville pour être transportées dans un autre lieu. Lorsque le séjour doit durer plus de vingt-quatre heures, la déclaration que fait le conducteur, s'appelle transit. L'entrepôt est un lieu où les conducteurs déposent pendant leur séjour, les objets soumis aux droits d'entrée pour se faire exempter de ces droits.

Le droit de détail de dix pour cent, sur la vente de boissons, n'est pas exigible pour ce que le débitant prouverait avoir servi à la consommation de sa famille (cass. 11 avr. 1821.)

Les débitants sont tenus de faire leur déclaration à la régie en désignant les espèces et quantités de boissons. Ils sont soumis à souffrir la visite des employés de la régie auxquels ils ne peuvent, sous aucun prétexte, refuser l'ouverture de leurs caves. Cette visite peut même avoir lieu dans l'intérieur des meubles et des armoires (cass. 5 février 1819).

Il arrive souvent que le débitant s'entend avec ses voisins pour faire placer dans leurs caves des pièces de vin qui seront soustraites, par là, au droit de débit; il est dans ces cas fort difficile de démasquer la fraude (1).

Lorsque le propriétaire, à qui on a notifié la visite qui lui est faite par les employés de la régie, s'absente, et que les employés trouvent dans la maison dudit propriétaire, un particulier qui répond à leurs interpellations et facilite leurs visites, les fausses déclarations que fait ce particulier, établissent une contravention dont le propriétaire absent est responsable, quoique les commis n'aient eu affaire ni à l'agent, ni au domestique de l'absent (cass. 18 mai 1808).

D. Qu'est-ce que les droits de consommation ?

R. Les droits de consommation sont perçus sur les eaux-

(1) C'est à cause de ces fraudes fréquentes, que l'intérêt de la régie est de consentir à des abonnements. Il y en a de trois sortes : l'abonnement individuel, par corporation, dont l'effet, est de substituer un droit fixe, au droit variable, de détail. Les deux premières sont exécutoires, sur arrêté provisoire du préfet. Les abonnements par commune, ne sont définitifs, que sur l'approbation du ministre des finances. Les réclamations de chaque individu, sur son contingent, dans le prix, doivent être portées en conseil de préfecture. Telle est la jurisprudence du conseil d'état ; il s'agit ici d'un intérêt privé d'une part et d'intérêts collectifs de l'autre, le conseil de préfecture est compétent.

de-vie et liqueurs adressées à une autre personne qu'au débitant et en proportion de la consommation.

D. Quelle est la compétence en matière de contributions indirectes ?

R. En matière de contributions indirectes, les tribunaux administratifs n'ont aucun droit pour juger les contraventions et les délits, appliquer les peines, prononcer sur les contestations.

Les contestations qui portent sur le fond du droit sont soumises aux tribunaux civils, seuls compétents en cette matière.

Lorsque le fond du droit n'est pas contesté, la répression des délits et contraventions appartient aux tribunaux correctionnels.

D. Quel est le régime des douanes.

R. Il est dans l'intérêt bien entendu de toute nation de favoriser l'exportation des produits indigènes, de restreindre autant que possible l'importation des produits étrangers; telle est la raison de l'établissement des douanes.

L'administration des douanes est composée d'une administration centrale, formée d'un directeur et de trois sous-directeurs, et établie à Paris, et dans les départements d'une administration locale, qui se divise en service sédentaire et en service actif. Les membres des bureaux de douanes forment le service sédentaire; les membres du service actif prennent le nom de brigadiers; ils sont armés et organisés en légions et en bataillons.

Il y a des règles spéciales aux importations par mer, spéciales aux importations par terre. Tout capitaine de navire doit présenter à la douane un manifeste exprimant la nature et l'état détaillé de la cargaison, et la déclaration du lieu du chargement et de celui de la destination. Les préposés de la douane doivent vérifier si les marchandises débarquées sont conformes à l'état détaillé qui leur a été présenté. Quant aux importations par terre, les voituriers doivent faire une déclaration en détail de leurs marchandises, les préposés des douanes font la vérification, et les droits sont payés avant la sortie des marchandises du bureau de la douane.

Il y a des moyens de s'affranchir dans certaines circonstances du paiement des droits pour le présent, quelquefois même pour toujours ; ce qui a lieu soit par l'entrepôt réel ou fictif, soit par le transit ou le cabotage (1).

La poursuite des droits de douane a lieu au moyen d'une contrainte délivrée par le receveur et visée par le juge de paix; le paiement des droits est garanti en outre par un privilége sur les meubles et effets mobiliers du redevable, privilége qui n'est primé que par les frais de justice et les six derniers mois de loyer. (L. 6 août 1791.) Les questions purement civiles relatives à la validité des saisies et des contraintes sont jugées par le juge-de-paix, sauf appel. La connaissance des délits de contrebande appartient aux tribunaux correctionnels du lieu où la marchandise saisie est déposée. L'action est poursuivie à la requête de l'administration. (L. 21 avril 1818.) L'administration peut transiger avec les contrevenants de bonne foi. (Cass. 30 juin 1820.)

(1) L'entrepôt réel, est un emplacement public, où les négociants qui n'ont pas actuellement besoin des marchandises, peuvent les déposer, et ne payer les droits, que quand ils voudront les mettre en circulation, pourvu toutefois, que les marchandises ne restent pas au-delà de trois ans, car alors, après une sommation faite aux propriétaires, les marchandises seraient vendues au profit de l'état. Les entrepôts fictifs diffèrent des entrepôts réels, non par les effets mais en ce que les marchandises sont déposées dans des magasins particuliers, soumis à la surveilance de l'administration des douanes. Le transit est le privilège pour les marchandises étrangères, de traverser la France sans paiement de droits, par une déclaration des marchandises, et un acquit à caution, dont la décharge doit être rapportée dans les vingt jours. Le cabotage est au transport maritime ce que le transit est au transport par terre.

FIN.

Typographie de Madame Brugnot.

www.ingramcontent.com/pod-product-compliance
Ingram Content Group UK Ltd.
Pitfield, Milton Keynes, MK11 3LW, UK
UKHW012237240726
13966UKWH00003B/1134